기적의 수능
영단어 영숙어

기적의 수능
영단어 영숙어

초판 1쇄 인쇄 | 2015년 5월 26일
초판 1쇄 발행 | 2015년 6월 1일

지은이 | 국길용
펴낸이 | 박서
펴낸곳 | 생각너머

기획경영총괄 | 박서
표지·조판디자인 | 디자인:영

종이 | 상산페이퍼   인쇄제본 | 미르인쇄   배본 | 손수레
등록번호 | 제313-2012- 191호   등록일자 | 2012년 3월 19일
주소 | 서울 마포구 연남동 568-39 칼라빌딩 402호
전화 | 070-4706-1382   팩스 | 02-6499- 1383

ISBN | 978-89-98440-09-1 (53740)

수능 기출단어 10개년 완전분석 및
EBS 연계 교재 단어 적중분석

기적의 수능
영단어
영숙어

국길용 지음

생각너머

기 적 의   수 능   영 단 어   영 숙 어

수능영어 절대단어 구성과 의도

수능영어에서 고득점을 얻기 위해서는 어떤 조건들이 필요한가?

어휘, 독해력, 유형파악, 유추력, 문제 푸는 기술, 시험 컨디션, 등 많은 것들이

떠오를 것이다. 수능영어에서 고득점을 위해서 필요한 조건들은 아래와 같다.

- 어휘력

- 독해력(해석 및 이해력)

- 문제 유형 파악력 및 유추력

- 수험생 의지력

위 4가지 중에서, 어휘력은 수능영어를 해결하는데 첫 단추 역할을 할 것이다.

그 만큼 수능영어에서 어휘력은 절대적이다.

그럼, 좀더 어휘에 대해서 살펴보면, 수능영어 본문에서 쓰인 핵심어휘(Key

words)는 선택지(보기)에서 단어 바꿔 쓰기(패러프레이징: Paraphrasing)를 통하여 다시 표현된다. 즉, **수능영어의 핵심**은 **"단어 바꿔쓰기(패러프레이징: Paraphrasing)"** 인 것이다. 그렇기 때문에, 핵심어휘와 함께 반드시 동의어 및 유사관련 어휘를 암기해야 한다.

수능영어에서 어휘의 힘은 막강하다.

그리고, 단순히 핵심어휘만 파악해서는 안 된다.

반드시 패러프레이징 특성을 이해하고,

단어 바꿔 쓰기로 표현되는 동의어를 알고 있어야 한다.

그럼, 먼저 이 어휘집의 구성부터 살펴보자.

이 어휘 집은 4가지 부분으로 이루어져 있다.

1. Main part: 수능필수어휘(수필어)와 수능필수동의어(필동어), 연관어휘, 그리고, 한글발음. 단어 개수 2028 (여)개

2. Part 2: 수능영어필수관용어구(수필관), 수능영어에서 반드시 등장하는 필수 숙어와 관용어구. 194개

3. Part 3: 쉬운 단어 속 시험에 나오는 어휘. 즉, 수험생 누구나가 알 수 있는 쉬운 단어들이 수능영어에서는 다른 의미로 쓰여 문맥의 혼란을 유도하는 어휘들. 126개

4. Part 4: 단어 스펠링(철자)이 비슷한 유사어휘. 즉, 수능영어 어휘 편에 주로 등장하는 유사어휘 구별문제에 대한 단어들로써, 스펠링이 매우 비슷하여 수험생들에게 혼란을 야기하는 어휘들. 241개

5. 그리고, 예문은 싣지 않았다. 왜냐하면, 학생들 참여를 위하여 블랭크(Blank)처리 하였다. 물론 어휘 관련 예문들과 수능영어 노하우 및 변형문제는 저자 블러그(http:blog.naver.com/kookkil)를 통하여 확인 할 수 있다.

두 번째로 이 어휘집의 특징에 대해서 살펴보자.

1.이 모든 어휘는 수능영어 11개년 (2005년~2015년) 수능영어기출문제와 최신(2013년~2015년) EBS수능영어 연계교제를 분석하여, 가장 빈출 횟수가 높고, 정답과 문맥에 결정적인 영향을 끼치는 단어들로 선별되어 있다. 어휘의 난이도는 중상급이며, 이런 어휘들은 반드시 수능영어지문에 필수적으로 등장한다.

2.핵심 어휘부분은 수능필수어휘와 필수 동의어, 연관어, 그리고 한글발음이 한 세트로 구성되어 있다.

3.어휘집만의 차별성:
수능필수어휘와 필수동의어를 한 세트로 구성, 즉 패러프레이징에 대비하였다.

NO	수필어	필동어	동의어/연관어
1	acclaim [어클레임] 동)칭찬하다	compliment [컴플리먼트]	praise applaud

(Your example):

수능어휘를 4가지 영역으로 세분하여 분석 정리함으로써, 한번에 수능영어관련 모든 어휘를 섭력할 수 있게 하였다.

예문란을 블랭크(blank)처리함으로써, 학생들의 참여를 유도하고, 학습하는 영어지문을 통하여 어휘관련 예문들을 직접 기입하게 함으로써 자기주도력 학습과 그 효과를 높일 수 있도록 하였다.

저자 블러그(http://blog.naver.com/kookkil)를 통하여 학생과 의사소통을 위한 플랫폼(Platform)을 만들어 시너지(Synergy)효과를 기대하고, 예문과 수능영어 핵심노하우, 그리고 EBS 수능연계교제 수능특강 수능완성 변형적중문제를 공유할 수 있게 하였다.

마지막으로, 단순히 단어집을 사서 외우는 일회성 교제가 아니라, 학생자신들만의 학습패턴에 맞춰 어휘를 암기하고 정리하여 그 효과를 높일 수 있도록 하였다.

차 례

1단계

NO	수필어	필동어	동의어/연관어
1	acclaim [어클레임] 동)칭찬하다	compliment [컴플리먼트]	praise applaud

2단계

NO	필수관용어구	동의어 / 의미
1	a last resort	a means to an end [최후의 수단]

3단계

NO	주의 단어	일반의미	시험에 나오는 의미
1	abide	동)따르다, 준수하다 (by)	동)인내하다(endure)

4단계

NO	유사 어휘	동의어	의미/뜻
1	access	approach	동)접근하다
2	assess	estimate	동)평가하다

5단계 수능기출문제 핵심문장 발췌

기 적 의   수 능   영 단 어   영 숙 어

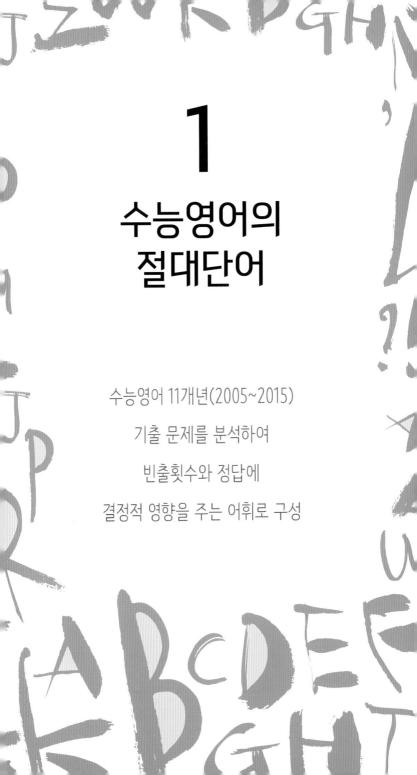

1

수능영어의
절대단어

수능영어 11개년(2005~2015)

기출 문제를 분석하여

빈출횟수와 정답에

결정적 영향을 주는 어휘로 구성

A

NO	수필어	필동어	동의어/연관어
1	acclaim [어클레임] 동)칭찬하다	compliment [컴플리먼트]	praise applaud
2	accountability [어카운터빌러티] 명)책임(감)	liability [라이어빌러티]	responsibility, obligation
3	accountable [어카운터블] 형)책임있는	responsible [리스판서블]	liable, obliged
4	accumulate [어큐뮬레이트] 동)축적하다, 모으다	amass [어매스]	pile up, gather, increase
5	accuracy [액큐러시] 명)정확	precision [프리시즌]	exactness, 형)accurate, precise: 정 확한
6	acknowledge [어크날리지] 동)인정하다, 받아들이다	recognize [레커그나이즈]	admit, concede
7	acquaintance [어퀘인턴스] 명)지인, 아는사이, 동료	familiarity [퍼밀리에러티]	relationship, associate
8	acute [어큐트] 형)날카로운, 예리한	keen [킨]	sharp

NO	수필어	필동어	동의어/연관어
9	adaptability [어댑터빌러티] 명)적응력	flexibility [플렉서빌러티]	resilience
10	adequate [애더퀴트] 형)적절한	proper [프라퍼]	suitable
11	advent [어드벤트] 명)도래	arrival [어라이블]	coming, reaching
12	adversity [애드버서티] 명)역경, 고난	hardship [하드쉽]	distress, calamity
13	adversary [애드버서리] 명)적	enemy [애니미]	opponent
14	adverse [애드버스] 형)적대적인	hostile [하스틸]	antagonistic, unfavorable 반)favorable: 호의적인
15	advocate [애드버킷] 동)지지하다	support [서포트]	back up 명)supporter: 지지자
16	affinity [어피너티] 명)연대감, 친족, 친밀감, 친화력	kinship [킨쉽]	bond, family relationship

NO	수필어	필동어	동의어/연관어
17	affluent [어플루언트] 형)풍부한	abundant [어번던트]	plentiful, sufficient 반)insufficient:부족한
18	aftermath [애프터매스] 명)여파, 후유증	wake [웨이크]	consequence
19	aggregate [애그러게이트] 명)합계, 총계	total [토틀]	amount to 동)합산하다
20	aggravate [애그러베이트] 동)악화시키다	exacerbate [이그저서베이트]	worsen, deteriorate, make worse
21	agitate [애지테이트] 동)선동하다	stir up [스터럽]	upset, disturb
22	akin (to) [어킨] 형)유사한, 연관된	related (to) [릴레이티드]	similar (to), parallel (to)
23	algorithm [알고리듬] 명)알고리즘	formula [포뮬러]	rule
24	alien [에일리언] 형)외계의, 이상한, 낯선	foreign [포린]	strange

NO	수필어	필동어	동의어/연관어
25	alienate [에일리네이트] 동)소원하게 만들다, 멀어지게하다	isolate [아이설레이트]	estrange, 명)alienation : 소외, 소원
26	align [얼라인] 동)나란히 만들다, 맞추 다	adjust [어드져스트]	affiliate, arrange in a line
27	alike [얼라이크] 형)유사한	similar [씨밀러]	analogous
28	alleged [얼레지드] 형)주장되는	supposed [서포즈드]	assumed, so-called
29	allegory [알레고리] 명)상징, 우화, 풍자	symbol [심볼]	metaphor
30	alleviate [에일리비에이트] 동)완화하다, 누그러뜨리 다	relieve [릴리브]	ease, mitigate make (pain) more bearable
31	alter [올터] 동)바꾸다	change [체인지]	modify
32	alternate [얼터네이트] 동)교대하다	take turns [테이크 턴즈]	act by turns
33	alternative [얼터너티브] 명)대안, 형)대체의	option [옵션]	choice, 형)substitute : 대체의

NO	수필어	필동어	동의어/연관어
34	altogether [올투게더] 부)완전히	utterly [어털리]	completely
35	altruistic [얼투르이스틱] 형)이타적인	selfless [셀프리스]	unselfish, generous, 명)ultrusim：이타주의
36	ambiguous [엠비규어스] 형)모호한	obscure [오브스큐어]	vague, equivocal
37	ambivalent [엠비벌런트] 형)양립하는	coexistent [코이그지스턴트]	equivocal, conflicting, 명)ambivalence：양립
38	amicable [애미커블] 형)호의적인	friendly [프렌들리]	kindly
39	amnesia [앰네지아] 명)기억상실(증)	memory loss [메모리 로스]	blackout
40	ample [앰플] 형)풍부한, 넓은	abundant [어번던트]	spacious
41	amplify [앰플러파이] 동)확대하다	magnify [매그너파이]	enlarge, increase
42	analogy [어낼러쥐] 명)유사(성), 비유	similarity [씨밀래러티]	likeness, comparison, 형)analogous：유사한

NO	수필어	필동어	동의어/연관어
43	analyze [애널라이즈] 동)분석하다	break down [브레이크 다운]	dissect, 명)analysis 분석
44	anarchy [애너키] 명)무정부 상태, 혼란	disorder [디쓰오더]	chaos
45	anatomy [어나터미] 명)해부학	structure [스트럭춰]	framework
46	anchor [앵커] 1. 동)고정시키다, 2. 명)닻	fasten [패쓴]	fix
47	android [앤드로이드] 형)명)안드로이드, 인간형태를 지닌 (로봇)	humanoid [휴머노이드]	robot, manlike
48	annex [어넥스] 동)합병하다, 명)첨가, 부가물	take over [테이크 오버]	conquer
49	annihilate [애니힐레이트] 동)전멸시키다	destroy [디스트로이]	defeat
50	anonymity [애너니머티] 명)익명	namelessness [네임리스니스]	unknown

NO	수필어	필동어	동의어/연관어
51	anonymous [어나너머스] 형)익명의	nameless [네임리스]	unnamed, unknown, having an unknow name
52	Antarctic [앤트악틱] 형)남극의	south-polar [싸우스 폴러]	반)Arctic 북극의
53	antecedent [앤티씨든트] 형)선행하는, 사전의, 명)전례, 선례	preceding [프리씨딩]	previous, prior
54	anthropology [앤쓰로팔러쥐] 명)인류학	study of humans [스터디 어브 휴먼스]	
55	antibody [앤티바디] 명)항체	immunoglobulin [임뮤노글로뷸린]	
56	anticipate [앤티써페이트] 동)예측하다, 예상하다	predict [프리틱트]	expect, foresee
57	antipathy [앤티퍼씨] 명)혐오, 반감	aversion [어버즌]	dislike, 반)empathy: 동감, 공감
58	antiquity [앤티쿼티] 명)고대	ancient times [애이션 타임스]	old age, 형)antique 오래된

NO	수필어	필동어	동의어/연관어
59	applause [어플로즈] 명)칭찬	praise [프레이즈]	compliment, acclaim
60	appraise [어프레이즈] 동)평가하다	estimate [에스티메이트]	evaluate, assess, gauge, measure
61	approximate [어프락씨미트] 1. 형)비슷한 2. 동)근접하다	similar [씨밀러]	near 부)approximately : 대략
62	arbitrary [아비트레리] 형)임의적인	random [랜덤]	whimsical, 숙)at random 무작위로
63	arbitrate [아비트레이트] 동)중재하다	mediate [메디에이트]	intermediate
64	archeology [아키알러쥐] 명)고고학	study of human	remains
65	Arctic [악틱] 형)북극의	north-polar [노쓰 폴러]	반)Antarctic 남극의

NO	수필어	필동어	동의어/연관어
66	aristocrat [애리스토크랫] 명)귀족	nobility [노우빌러티]	명)aristocracy: 귀족층
67	arouse [어로우즈] 동)불러일으키다	provoke [프러보크]	incite
68	arrogant [애러건트] 형)거만한, 오만한	overconfident [오버칸피던트]	cocky, 명)arrogance: 거만, 오만
69	artifact [아티팩트] 명)인공물	ready-made [레디메이드]	artefact, a handmade object
70	artificial [아티피셜] 형)인공적인, 인위적인	synthetic [씬쎄틱]	manmade, unnatural 반)natural: 자연적인
71	ascertain [어써테인] 동)확인하다, 알아내다	identify [아이덴터파이]	discover
72	ascribe [어쓰크라이브] 동)~탓으로 돌리다	attribute [어트리뷰트]	assign, 명)attribute: 특징

NO	수필어	필동어	동의어/연관어
73	assent [어쎈트] 동)동의하다	consent [칸쎈트]	agree
74	assign [어싸인] 동)할당하다, 맡기다	allocate [얼로케이트]	allot, apportion 동)attribute: ~탓으로 돌 리다
75	assimilate [어씨밀레이트] 동)동화되다	make similar [메이크 씨밀러]	absorb 반)dissimilate: 이화시키 다
76	assure [어슈어] 동)보증하다, 확인하다, 납득시키다	ensure [인슈어]	guarantee, insure 명)assurance: 보증, 확신
77	asymmetry [에이씨메트리] 명)비대칭, 불균형	imbalance [임밸런스]	dissymmetry 형)asymmetrical: 비대칭의 반)symmetry: 대칭, 균형
78	attachment [어태취먼트] 명)헌신, 애착, 첨부	devotion [디보우션]	affection, 동)attach: 붙이다
79	attain [어태인] 동)얻다, 획득하다	acquire [어쿠아이어]	obtain, gain
80	audible [오더블] 형)들을 수있는	hearable [히어러블]	loud

NO	수필어	필동어	동의어/연관어
81	auditory [오디토리] 형)청각의	acoustic [어쿠스틱]	aural
82	auspicious [오스피쉬어스] 형)상서로운, 길한	promising [프라미씽]	fortunate, propitious
83	austerity [오스테러티] 명)긴축	severity [씨베러티]	harshness 형)austere : 긴축의, 엄한
84	authentic [오쎈틱] 형)진짜의	genuine [제뉴인]	real
85	authorized [오써라이즈드] 형)공인된	legitimate [레지터미트]	legal
86	autonomous [오터나머스] 형)자치적인, 독립적인	independent [인디펜던트]	sovereign, self-governing
87	autonomy [오터나미] 명)자치, 독립	independence [인디펜던스]	sovereignty, self-government
88	autopsy [오톱시] 명)부검	postmortem [포스트모텀]	examination of a dead body

B

NO	수필어	필동어	동의어/연관어
89	backfire [백파이어] 동)역효과를 낳다	backlash [백래쉬]	recoil
90	befall [비폴] 동)발생하다	happen [해편]	occur
91	belligerent [벨리저런트] 형)공격적인, 호전적인	aggressive [어그레씨브]	quarrelsome, hostile 명)belligerence, belligerency
92	benevolent [베노볼런트] 형)자선적인, 자비로운	philanthropic [필란쓰로픽]	charitable, generous, altruistic
93	better-off [베러 오프] 형)부유한, 넉넉한	prosperous [프라스페러스]	well-off
94	biased [바이아스드] 형)편향된, 불공평한	prejudiced [프레쥬디스드]	one-sided, imbalanced, subjective
95	bilateral [바이레터럴] 형)쌍방의, 상호간의	two-sided [투싸이디드]	mutual, reciprocal

NO	수필어	필동어	동의어/연관어
96	bipartisan [바이파티산] 형)공정한, 편견없는	impartial [임파셜]	unbiased, unprejudiced, fair
97	bleak [블리크] 형)우울한	gloomy [글루미]	depressing
98	blunt [블런트] 형)무딘	dull [덜]	insentitive
99	breakthrough [브레이크쓰로우] 명)돌파구	discovery [디스커버리]	find, 숙)make a breakthrough: 돌파구를 만들다
100	brevity [브레버티] 명)간결성	conciseness [컨싸이스니스]	terseness
101	bypass [바이패스] 동)우회하다, 피하다, 명)우회	avoid [어보이드]	ignore
102	byproduct [바이프러덕트] 명)부산품	side-effect [싸이드이팩트]	secondary result

C

NO	수필어	필동어	동의어/연관어
103	calamity [컬래머티] 명)재난, 재앙	disaster [디재스터]	catastrophe
104	capacity [커페서티] 명)수용력, 능력	capability [케이퍼빌러티]	ability
105	captive [캡티브] 형)잡힌, 억류된	enslaved [인슬래이브드]	caged
106	casualty [캐주얼티] 명)사상자, 사망률	fatality [페이탤러티]	death
107	catalyst [캐틀리스트] 명)촉매(제)	accelerator [액셀러레이터]	enzyme
108	cater [케이터] 동)제공하다	provide [프러바이드]	supply
109	chronic [크라닉] 형)만성적인, 고질적인	deep-rooted [딥루티드]	habitual, persistent 반)temporary : 일시적인

NO	수필어	필동어	동의어/연관어
110	clan [클랜] 명)씨족	relatives [렐러티브스]	relation, connection, kin group
111	clarify [클래러파이] 동)분명하게 하다	crystalize [크리스틀라이즈]	clear up, make clear crystal-clear 분명한, 명확한
112	cliche [클리쉐] 형)흔한말, 상투적인 말, 고정관념	commonplace [커먼플레이스]	stereotype 형)cliched: 진부한
113	coerce [코어스] 동)강요하다	compel [컴펠]	force, 명)coercion: 강요, 압박
114	cognitive [코그니티브] 형)인지적인	perceptive [퍼셉티브]	perceptual 명)cognition: 인지, 인식
115	coherent [코히어런트] 형)일관적인, 지속적인	consistent [컨씨스턴트]	persistent, logical 명)coherence: 일관성
116	cohesion [코히즌] 명)결속력, 응집력, 일관성	coherence [코히어런스]	consistency, bond 동)cohere: 응집하다, 일관적이다

NO	수필어	필동어	동의어/연관어
117	collaborative [컬래보러티브] 형)공동의, 협력의	cooperative [코아퍼레이티브]	coordinated, 명)collaboration : 협력
118	collateral [컬래트럴] 형)부차적인, 부가적인 명) 담보	secondary [세컨데리]	additional,
119	collective [컬렉티브] 형)집단의, 단체의, 총체적인	corporate [코퍼리트]	combined 반)individual : 개인적인
120	colony [칼러니] 명)식민지	settlement [세틀먼트]	동)colonize : 식민지화하다
121	commence [커멘스] 동)시작하다	initiate [이니쉬에이트]	begin, start
122	commitment [커밋먼트] 명)약속, 헌신	loyalty [로열티]	engagement
123	commonplace [커먼플레이스] 형)평범한, 보통의, 흔한	ordinary [오디너리]	common, mediocre
124	communal [커뮤널] 형)공동의	common [커먼]	public

NO	수필어	필동어	동의어/연관어
125	commute [커뮤트] 동)통근하다	shuttle [셔틀]	travel
126	comparison [컴패리슨] 명)비교, 비유	comparing [컴패어링]	숙)in comparison: 비교하면
127	compatible [컴패터블] 형)호환되는	harmonious [하모니어스]	matched 반)incompatible: 호환되지않는
128	compensate (for) [컴펜세이트] 동)보상하다, 상쇄하다	make up (for) [메이크 업 포]	counterbalance, offset 명)compensation:보상
129	compliant [컴플라이언트] 형)순종적인	obedient [오비디언트]	submissive
130	compromise [컴플러마이즈] 1. 명)절충, 타협 2. 동)절충시키다	settle [세틀]	concede, meet halfway
131	compulsory [컴펄써리] 형)의무적인, 필수의	mandatory [맨더토리]	obligatory
132	concede [컨씨드] 동)1. 인정하다, 2. 포기하다	acknowledge [어크날리쥐]	admit, surrender 명)concession:인정, 양보

NO	수필어	필동어	동의어/연관어
133	conceit [컨씨트] 명)자만심	arrogance [애러건스]	haughtiness, excessive pride
134	concur [컨커] 동)1. 동의하다, 2. 동시에 일어나다	coincide [코인사이드]	assent, agree
135	conduce (to) [컨듀스] 동)이끌다, 공헌하다	lead (to) [리드]	contribute (to), encourage
136	conducive (to) [컨두씨브] 형)기여하는, 도움이되는	contributive (to) [컨트리뷰티브]	contributing, helpful, 숙)conducive to: 도움이 되다
137	confine [컨파인] 동)제한하다	restrict [리스트릭트]	limit
138	conform (to) [컨폼] 동)순응하다, 따르다	comply (to) [컴플라이]	obey, 명)conformity: 순응
139	conformity [컨포머티] 명)순응	compliance [컴플라언스]	agreement, 동)conform to: 순응하다
140	conscience [칸쉬언스] 명)양심	morality [모랠러티]	scruple, moral values

NO	수필어	필동어	동의어/연관어
141	consecutive [컨제큐티브] 형)연속적인	successive [썩쎄씨브]	sequent, back-to-back
142	consequence [칸시퀀스] 명)결과	result [리절트]	outcome, aftermath 숙)in consequence: 결과적으로
143	considerable [컨씨더러블] 형)상당한, 많은	substantial [서브스탠셜]	much, a lot of 숙)a number of: 많은
144	console [컨쏘울] 동)위로하다	comfort [컴포트]	soothe
145	constitute [컨스터튜트] 동)구성하다, 설립하다	compose [컴포우즈]	found, 명)constitution: 헌법, 구성, 설립
146	contaminate [컨태미네이트] 동)오염시키다	pollute [펄루트]	taint
147	contemporary [컨템포레리] 형)현대의, 동시대의	current [커런트]	modern, latest
148	contempt [컨템프트] 명)경멸, 모멸, 수치	scorn [스콘]	disrespect, disgrace

NO	수필어	필동어	동의어/연관어
149	context [컨택스트] 명)문맥, 배경	background [백그라운드]	setting
150	contradictory [칸트라딕토리] 형)모순되는	opposite [아파짓]	contrary, 명)contradiction: 모순
151	constrain [칸스트레인] 동)1. 강요하다 2. 제한하다	compel [컴펠]	restrict
152	controversial [컨트로버셜] 형)논란의	disputed [디스퓨티드]	debatable, 명)controversy: 논란
153	conventional [컨벤셔널] 형)관습적인, 일반적인, 진부한	customary [커스터머리]	traditional, ordinary
154	converge [컨버쥐] 동)모이다	gather [개더]	meet, merge 명)convergence: 모여 듬, 집합 반)diverge: 분리되다
155	coordinate [코오디네이트] 동)조직하다	organize [오거나이즈]	harmonize
156	cope (with) [캅] 동)1. 대처하다,2. 다루다	deal with [딜 위드]	address, handle

NO	수필어	필동어	동의어/연관어
157	correlative [코렐러티브] 형)서로연관된	correlated [코릴레이티드]	interrelated
158	corresponding [코레스판딩] 형)상응하는	equivalent [이퀴블런트]	similar
159	coverage [커버릿쥐] 명)1. 뉴스보도, 2. 보상범위	reporting [리포팅]	insurance, news
160	craving [크레이빙] 명)열망, 바램	longing [롱잉]	yearning
161	cryptic [크립틱] 형)모호한	ambiguous [앰비귀어스]	hidden, secret
162	culminate [컬미네이트] 동)절정에 이르다	climax [클라이맥스]	peak
163	cultivate [컬티베이트] 동)경작하다, 재배하다	till [틸]	plough, grow, 명)cultivation : 경작, 재배
164	curb [커브] 동)제한하다	restrain [리스트레인]	restrict, suppress, hold back

NO	수필어	필동어	동의어/연관어
165	curtail [커테일] 동)축소하다	shorten [쇼튼]	reduce
166	customary [커스터머리] 형)습관적인	habitual [해비츄얼]	usual
167	cynical [씨니클] 형)냉소적인	sarcastic [써캐스틱]	mocking, 명)cynicism: 냉소

D

NO	수필어	필동어	동의어/연관어
168	daring [데어링] 형)대담한	bold [볼드]	audacious, 동)dare: 감히~ 하다
169	decent [디쓴트] 형)품격있는, 적절한	modest [마디스트]	suitable
170	defer [디퍼] 동)1. 미루다, 연기하다. 2. 굴복하다	delay [딜레이]	put off, postpone, yield
171	deference [디퍼런스] 명)존경	respect [리스펙트]	honor, 동)defer: 1. 미루다 2. 순 종하다

NO	수필어	필동어	동의어/연관어
172	deficient [디피션트] 형)부족한, 결핍의	insufficient [인써피션트]	lacking, wanting 반)sufficient: 충분한
173	deforest [디포리스트] 동)벌채하다, 개간하다	uncover [언커버]	명)deforestation: 삼림벌 채
174	degenerate [디제너레이트] 동)약화되다	deteriorate [디티어리어레이트]	worsen
175	degrade [디그레이드] 동)비하하다, 강등시키다	dishonor [디스아너]	demote, downgrade
176	delude [딜루드] 동)속이다	deceive [디씨브]	cheat
177	demanding [디맨딩] 형)힘든, 요구가 많은	challenging [챌린징]	difficult, burdensome 반)easy: 쉬운
178	demise [디마이즈] 명)죽음, 사망	decease [디씨스]	death
179	demonstrate [데몬스트레이트] 동)1. 보여주다, 2. 증명 하다, 3. 시위하다	represent [레프리젠트]	show, explain, protest

NO	수필어	필동어	동의어/연관어
180	demoralize [디모럴라이즈] 동)1.의기소침하게만들 다, 2. 타락시키다	dishearten [디스하튼]	depress, dispirit 반)encourage : 격려하다
181	denounce [디나운스] 동)비난하다	rebuke [리뷰크]	criticize, condemn
182	deplete [디플릿트] 동)감소시키다	reduce [리듀스]	decrease, lessen 명)depletion : 감소
183	deploy [디플로이] 동)배치하다	arrange [어레인쥐]	position, station 명)deployment : 배치
184	depose [디포우즈] 동)1.퇴적시키다, 2.폐위 시키다	deposit [디파짓]	dethrone 명)disposition : 퇴적물
185	deprive (of) [디프라이브] 동)빼앗다	dispossess [디스퍼제스]	remove, take something away from
186	derive (from) [드라이브] 동)1. 유래하다 2. 이끌어내다/얻다	originate [오리지네이트]	stem, obtain 형)derivative : 파생의
187	derivative [디리버티브] 명)파생품, 파생, 형)파생의	by-product [바이프러덕트]	spin-off, derivation 형)secondary : 파생의, 부차적인

NO	수필어	필동어	동의어/연관어
188	deserve [디져브] 동)가치가있다, 자격있다	qualify [퀄러파이]	be worthy of, be entitled to
189	desolate [데썰리트] 동)황량한, 버려진	barren [배런]	deserted
190	detain [디테인] 동)억류하다, 구금하다	restrain [리스트레인]	hold back, control keep in custody
191	detergent [디터전트] 명)세제	cleanser [클렌져]	a cleansing chemical
192	detour [디투어] 명)우회도로, 동)우회하 다	bypass [바이패스]	deviate
193	detrimental [디트리멘틀] 형)해로운	damaging [대미징]	harmful
194	devastate [데버스테이트] 동)파괴하다	destroy [디스트로이]	ruin
195	deviate [디비에이트] 동)벗어나다, 벗어나게하 다	distract [디쓰트렉트]	divert, turn aside 명)deviation: 이탈, 일탈

NO	수필어	필동어	동의어/연관어
196	diagnose [다이애그노우즈] 동)진단하다	examine [이그재민]	identify 명)diagnosis 진단
197	diffuse [디퓨즈] 동)퍼뜨리다	spread[스프레드]	disperse
198	dilute [다일룻트] 동)희석시키다, 형)희석 된	thin (out) [씬]	weaken, make thinner 형)diluted: 희석된
199	discerning [디써닝] 형)통찰력있는, 안목있는	perceptive [퍼셉티브]	critical, acute
200	discipline [디써플린] 명)1.훈련, 2.규율, 3.학 과목	training [트레이닝]	punishment, curriculum
201	discontent [디쓰컨텐트] 1.형)불만족한 2.명)불만 족 3.동)불만족시키다	dissatisfied [디쓰쌔티스파이드]	displeased 반)content: 만족한
202	discord [디쓰코드] 명)불화, 다툼	conflict [칸플릭트]	strife
203	discourse [디쓰코스] 1.명)대화, 담화 2.동)대 화하다	conversation [칸버세이션]	talk

NO	수필어	필동어	동의어/연관어
204	discreet [디쓰크리트] 형)신중한	prudent [프루든트]	careful, circumspect
205	discrepancy [디쓰크레펀시] 명)불일치	disagreement [디쓰어그리먼트]	conflict
206	discretion [디쓰크레션] 명)1.재량 2.신중	ability to decide [어빌러티 투 디사이드]	circumspection, freedom to act on one's own
207	differentiate [디퍼런쉬에이트] 동)구별하다, 차별화하다	distinguish [디스팅귀쉬]	discern
208	disguise [디쓰가이즈] 명)위장, 가장	camouflage [캐머플라쥐]	concealment
209	dismay [디쓰메이] 1. 명)낙담 2. 동)낙담시키다	discourage [디쓰커리쥐]	dishearten, 명)discouragement: 낙 담
210	disparate [디쓰퍼릿] 형)이질적인, 다른	dissimilar [디씨밀러]	different
211	disparity [디쓰패러티] 명)차이, 불균형	discrepancy [디쓰크레펀시]	inequality, difference

NO	수필어	필동어	동의어/연관어
212	disperse [디쓰퍼스] 동)흩어지다	scatter [스캐터]	distribute, dissipate
213	displace [디쓰플레이스] 동)대신하다, 대체하다	replace [리플레이스]	supplant, substitute take the place of
214	disorder [디쓰오더] 명)장애	instability [인스터빌러티]	disease, illness
215	disposable [디쓰포저블] 형) 1회용의	expendable [익스펜더블]	nonreturable disposable income:가 처분소득
216	dispose (of) [디쓰포우즈] 동) 1.해결하다, 2. 제거 하다/처리하다	settle [쎄틀]	get rid of
217	disposition [디쓰퍼지션] 명)기질, 성향	temperament [템퍼러먼트]	tendency
218	disprove [디쓰프루브] 동)반박하다	contradict [칸트러딕트]	refute
219	disregard [디쓰리가드] 동)무시하다	ignore [이그노어]	neglect

NO	수필어	필동어	동의어/연관어
220	dissent [디쎈트] 동)동의하지 않다, 명)이견, 불일치	disagree [디써그리]	oppose 반)assent: 동의하다
221	dissolve [디썰브] 동)녹이다	melt [멜트]	dispel
222	dissuade [디쑤에이드] 동)단념시키다	discourage [디쓰커리쥐]	deter 반)persuade: 설득하다
223	distinctive [디스팅티브] 형)독특한, 뚜렷한	distinguishing [디스팅귀쉬씽]	distinct, notable
224	distort [디스토트] 동)왜곡하다	falsify [폴서파이]	misrepresent, misshape 명)distortion왜곡
225	distract [디스트렉트] 동)분산시키다	deflect [디플렉트]	divert, 명)distraction 분산
226	distress [디스트레스] 동)피해를주다, 명)고통	afflict [어플릭트]	plague, trouble 숙)in distress: in trouble, 곤경에처한
227	diversion [디버즌] 명)전환	deviation [디비에이션]	deflection

NO	수필어	필동어	동의어/연관어
228	divert [디버트] 동)바꾸다, 전환시키다	deviate [디비에이트]	deflect
229	dominant [도미넌트] 형)우세한, 지배적인	ruling [룰링]	superior, predominant 명)dominance: 우세, 지배
230	dormant [도먼트] 형)휴면기의	inactive [인액티브]	latent
231	drain [드레인] 동)(물)빼내다, 배수시키다	deplete [디플렉트]	empty (out)
232	drainage [드레이니쥐] 명)배수(구)	sewer [쑤어]	evacuation, 동)drain: 물빼내다
233	drawback [드로백] 명)결점, 방해, 단점	disadvantage [디스어드밴티쥐]	hindrance, trouble 반)advantage: 장점
234	dubious [듀비어스] 형)의심스런, 회의적인	skeptical [스켑티컬]	doubtful
235	duly [듈리] 부)적절히	properly [프라펄리]	adequately 형)due: 1.적절한, 2. 만기의, 3. 예정된

| 236 | durable
[듀어러블]
형)내구성있는, 오래가는 | lasting
[라이스팅] | enduring |
| 237 | dwindle
[드윈들]
동)감소하다 | reduce
[리듀스] | lessen, decline |

E

238	ecology [이칼러쥐] 명)생태학	bionomics [바이오나믹스]	
239	edible [에더블] 형)먹을수 있는	eatable [이터블]	fit to be eaten
240	effectual [이펙츄얼] 형)효과적인	effective [이펙티브]	operative, in effect
241	efficacy [이피커시] 명)효과, 효험	effectiveness [이펙티브니스]	efficiency
242	elaborate [일래보리트] 1. 형)정교한, 복잡한, 계획된 2. 명)만들다, 발전시키다	detailed [디테일드]	intricate

NO	수필어	필동어	동의어/연관어
243	elicit [일리씨트] 동)끌어내다	educe [이듀스]	evoke, extract, draw out
244	eligible [일리져블] 형)자격이 되는, 적격한	qualified [콸러파이드]	entitled, suitable
245	eliminate [일리미네이트] 동)제거하다	remove [리무브]	get rid of
246	elude [일루드] 동)피하다	evade [이베이드]	escape
247	embed [임베드] 동)고정시키다, 박다	fix [픽쓰]	entrench
248	embezzle [임베즐] 동)횡령하다	appropriate [어프로프리에이트]	steal
249	emblem [엠블럼] 명)상징	symbol [씸볼]	
250	embody [임바디] 동)구체화하다, 나타내다, 포함하다	represent [레프리젠트]	incarnate, personify, include

NO	수필어	필동어	동의어/연관어
251	emerge [이머쥐] 동)나오다	surface [써피스]	appear, loom
252	emit [에미트] 동)배출하다	give off [기브 오프]	let out, release, 명)emission
253	empirical [엠피리컬] 형)실질적인, 실용적인	practical [프렉티컬]	pragmatic, experimental
254	encase [인케이스]	enclose [인클로우즈]	include, 동)둘러싸다
255	enforce [인포스] 동)집행하다, 시행하다	execute [엑써큐트]	implement, 명)enforcement: 집행, 시 행
256	entail [인테일] 동)수반하다, 요구하다	impose [임포우즈]	reqire, produce, result in
257	entitle [인타이틀] 동)자격을주다	qualify [콸러파이]	authorize
258	entrenched [인트렌취드] 형)고정된	fixed [픽쓰드]	set, firm

47

NO	수필어	필동어	동의어/연관어
259	entrust [인추러스트] 동)맡기다, 위탁하다	consign [컨싸인]	assign
260	enzyme [엔자임] 명)효소	catalyst [카탈러스트]	stimulus
261	ephemeral [이페머럴] 형)단명하는, 순간의	fleeting [플리팅]	temporary, short-lived, momentary
262	equivalent [이퀴블런트] 형)동등한	equal [이콜]	same
263	equivocal [이퀴보컬] 형)모호한	obscure [오브스큐어]	ambiguous
264	equlibrium [이퀼리브리엄] 명)균형	balance [밸런스]	poise, stability,
265	eradicate [이라디케이트] 동)근절하다, 뿌리뽑다	root out [룻아웃]	weed out, eliminate
266	euphemism [유퍼미즘] 명)완곡 표현	polite term [펄라이트 텀]	

NO	수필어	필동어	동의어/연관어
267	evade [이베이드] 동)피하다	avoid [어보이드]	escape, elude
268	evaluate [이밸류에이트] 동)평가하다	estimate [에스티메이트]	measure, appraise
269	evaporate [이베포레이트] 동)증발하다, 사라지다	vaporize [베포라이즈]	vanish, disappear
270	evasive [이베이씨브] 형)모호한	ambiguous [앰비규어스]	misleading, equivocal
271	evoke [이보우크] 동)불러일으키다	arouse [어로우즈]	elicit, 명)evocation: 불러일으 킴, 환기
272	evolutionary [에볼루션너리] 형)진화의	developmental [디벨럽멘틀]	progressive, 명)evolution: 진화, 동)evolve: 진화하다
273	evolve [이발브] 동)진화하다	develop [디벨럽]	progress, 명)evolution, 형)evolutionary
274	excerpt [엑썹트] 명)발췌	extract [익쓰트랙트]	selection

NO	수필어	필동어	동의어/연관어
275	exert [이그저트] 동)발휘하다	exercise [엑설싸이즈]	put forth
276	expedient [익쓰피디언트] 1. 명)방책 2. 형)적절한	means [민즈]	makeshift
277	explicit [익쓰플리씻트] 형)구체적인, 분명한	definite [데퍼니트]	specific 반) implicit: 내재된, 암시 된
278	extant [익쓰턴트] 형)현존하는	existent [이그지스턴트]	surviving
279	extinct [익쓰팅트] 형)소멸한	nonexistent [넌이그지스턴트]	dead 명)extinction 소멸/멸종
280	extinguish [익쓰팅귀쉬] 동)(불)끄다, 전멸시키다	put out [풋아웃]	eliminate, wipe out
		F	
281	facilitate [퍼씰리테이트] 동)용이하게 만들다	promote [프러모우트]	make easier, ease

NO	수필어	필동어	동의어/연관어
282	faction [팩션] 명)당파, 분파, 파벌	sect [섹트]	division, dissension
283	fallacy [팰러씨] 명)오류, 착오	mistake [미쓰테이크]	misconception
284	far-flung [파-플렁] 형)멀리 떨어진	remote [리모우트]	distant
285	far-reaching [파-리칭] 형)광범위한	extensive [익쓰텐시브]	sweeping
286	feasible [피져블] 형)가능한	possible [파써블]	plausible 반)impossible : 불가능한 infeasible
287	fertile [퍼틀/퍼타일] 형)비옥한	prolific [프럴리픽]	fruitful, productive 반)infertile : 불임의, 불모 의
288	figurative [피규러티브] 형)비유적인	metaphorical [메타포리컬]	symbolical
289	flexible [플렉써블] 형)유연한, 융통성있는	elastic [일레스틱]	resilient

NO	수필어	필동어	동의어/연관어
290	flourish [플러리쉬] 동)번성하다	thrive [쓰라이브],	prosper
291	fluctuate [플럭추에이트] 동)변동하다	vary [베리]	change, swing
292	fluency [플루언씨] 명)유창성	eloquence [엘로퀀스]	형) fluent, eloquent 유창한
293	forage [포리쥐] 동)먹이를 찾다, 명)포식	predate [프리데이트]	rummage, plunder 명)predation : 포식
294	forge [포쥐] 동)1.전진하다 2. 고안하다 3. 위조하다	advance [어드밴스]	invent, counterfeit
295	forgo [포고우] 동)포기하다	relinquish [릴링퀴쉬]	give up
296	formidable [포미더블] 형)강력한	alarming [얼라밍]	powerful, impressive

NO	수필어	필동어	동의어/연관어
297	foster [파스터] 동)발전시키다, 촉진시키다	promote [프러모우트]	boost, advance
298	fragment [프래그먼트] 명)부분, 조각	fraction [프랙션]	portion, bit
299	friction [프릭션] 명)마찰, 충돌	rubbing [러빙]	conflict
300	frontier [프런티어] 명)국경, 경계	boundary [바운드리]	border
301	fuse [퓨즈] 동)1. 녹이다, 2. 혼합하다	melt [멜트]	mix, 명)fusion 융합

G

NO	수필어	필동어	동의어/연관어
302	garner [가너] 동)얻다	earn [언]	acquire, get
303	gauge [게이쥐] 동)측정하다, 평가하다	measure [메줘]	judge, evaluate

NO	수필어	필동어	동의어/연관어
304	gear [기어] 명)장비	equipment [이큅먼트]	동)equip 구비하다
305	generosity [제너라써티] 명)관대	unselfishness [언쎌피쉬니스]	selflessness, benevolence 형)generous: 관대한
306	glacier [글래쉬어] 명)빙하	ice mass [아이스 매쓰]	
307	glossy [글로씨] 형)윤기있는	sleek [슬릭]	shiny, silky
308	gravity [그래버티] 명)중력	gravitation [그래비테이션]	

H

NO	수필어	필동어	동의어/연관어
309	habitat [해비탯] 명)서식지	habitation [해비테이션]	locality
310	hamper [햄퍼] 동)방해하다	impede [임피드]	hinder, hold back

NO	수필어	필동어	동의어/연관어
311	haunting [혼팅] 형)잊혀지지 않는	unforgettable [언포게터블]	persistent continually recurring to the mind
312	hereditary [허레디테리] 형)유전적인	genetic [지네틱]	genic, inherited
313	heterogeneous [헤테로지니어스] 형)이질적인, 다른	miscellaneous [미쎌레이니어스]	different
314	hibernation [하이버네이션] 명)동면, 휴면	dormancy [도먼씨]	inactivity, 동)hibernate: 동면하다
315	homogeneous [호모지니어스] 형)동질의, 유사한	analogous [어날러거스]	alike
316	hostile [하스틸] 형)적대적인	antagonistic [앤태거니스틱]	unfriendly 명)hostility: 적대감
317	humiliate [휴밀리에이트] 동)굴욕감을 주다	degrade [디그레이드]	disgrace, shame 명)humiliation: 굴욕, 수치
318	humility [휴밀러티] 명)겸손	modesty [마디스티]	humbleness, 형)humble: 겸손한

NO	수필어	필동어	동의어/연관어
319	hypocrisy [하이퍼크러시] 명)위선	falseness [폴스니스]	lip service, crocodile tears
320	hypothesis [하이퍼써씨스] 명)가설, 가정	assumption [어썸프션]	proposition, premise 복수형: hypotheses

I

NO	수필어	필동어	동의어/연관어
321	identical [아이덴티컬] 형)같은, 동일한	same [쎄임]	equal
322	illiterate [일리터릿트] 형)문맹의, 읽고 쓸수 없는	uneducated [언에쥬케이티드]	unenlightened 명)illiteracy 문맹 반) literate 읽고 쓸 수 있는
323	illusion [일루즌] 명)착각, 환상	delusion [딜루즌]	misconception 동)illude: 속이다
324	imbue [임뷰] 동)주입시키다, 물들이다	instil [인스틸]	inspire, dye
325	immature [이머튜어] 형)미숙한	unfledged [언플레쥐드]	undeveloped 반)mature: 성숙한

NO	수필어	필동어	동의어/연관어
326	immerse [이머스] 동)담그다, 몰두하다	submerge [서브머쥐]	engage, absorb
327	immune [이뮨] 형)면역의	exempt [이즈젬프트]	명)immunity, immune system: 면역, 면역체계
328	impair [임패어] 동)손상시키다, 약화시키다	damage [대미쥐]	weaken 반)improve: 향상시키다
329	impede [임피드] 동)방해하다	hinder [힌더]	obstruct, retard
330	imperative [임페러티브] 1. 형) 명령적인, 긴박한, 2. 명) 명령	urgent [어즌트]	authoritative 명)command, order
331	implied [임플라이드] 형)내포적인, 암시적인	implicit [임플리씻트]	indirect
332	implore [임플로어] 동)간청하다	entreat [인추리트]	beg
333	improvise [임프러바이즈] 동)즉흥적으로 하다	make do [메이크 두]	명)improvisation: 즉흥

NO	수필어	필동어	동의어/연관어
334	incentive [인센티브] 명)장려책, 격려금, 동기요인	stimulus [스티뮬러스]	motive, encouragement, motivator
335	incite [인싸이트] 동)선동하다, 자극하다	provoke [프러보우크]	stir up, stimulate
336	incorporate [인코퍼레이트] 동)통합하다, 포함하다	encompass [인컴퍼스]	integrate, include
337	incumbent [인컴번트] 형)현직의, 의무적인, 명) 재임자	current [커런트]	obligatory, compulsory 명)officeholder : 재임자
338	incur [인커] 동)초래하다, 불러일으키 다	induce [인듀스]	arouse, 명)incurrence : 초래
339	indifferent [인디퍼런트] 형)무관심한	uninterested [언인터레스티드]	unconcerned, regardless 명)indifference : 무관심
340	indigenous [인디지너스] 형)원산의, 토종의, 고유 의	native [네이티브]	innate, original
341	induce [인듀스] 동)유도하다, 설득하다, 유추하다	cause [코즈]	persuade, lead to 명)induction : 유도, 유추

NO	수필어	필동어	동의어/연관어
342	indulge (in) [인덜쥐] 동)탐닉하다, 빠져들다	spree [스프리]	gratify, engage (in) 명)indulgence: 탐닉
343	inevitable [인에비터블] 형)불가피한, 피할수 없는	unavoidable [언어보이더블]	certain, inescapable
344	infancy [인펀씨] 명)유아기	babyhood [베이비후드]	명)infant: 유아
345	infer [인퍼] 동)유추하다, 추론하다	deduce [디듀스]	deduct, conclude 명)inferrence: 유추, 추론
346	inflict [인플릭트] 동)가하다, 부가하다	impose [임포우즈]	afflict
347	ingenious [인지니어스] 형)창의적인	creative [크리에이티브]	novel, clever
348	ingenuity [인제뉴어티] 명)독창성	originality [오리쥐낼러티]	creativity
349	ingenuous [인제뉴어스] 형)순진한	naive [나이브]	innocent

NO	수필어	필동어	동의어/연관어
350	ingredient [인그리디언트] 명)재료, 구성요소	component [컴포우넌트]	element
351	inherent [인히어런트] 형)선천적인, 본질적인	innate [인네이트]	inborn, underlying 반)acquired: 후천적인
352	inhibit [인히비트] 동)억제하다	restrain [리스트레인]	prohibit, hold back
353	initial [이니쉬얼] 형)처음의, 초기의, 시작의	inaugural [인오귀럴]	incipient, beginning
354	innumerable [인뉴머러블] 형)많은	numerous [뉴머러스]	countless, myriad
355	insistent [인씨스턴트] 형)완강한, 지속적인	persistent [퍼씨스턴트]	consistent, continual 반)inconsistent: 불규칙 한
356	insular [인설라] 형)배타적인, 고립된	remote [리모우트]	isolated, detached
357	insulate [인설레이트] 동)절연시키다, 격리시키다	isolate [아이설레이트]	detach

NO	수필어	필동어	동의어/연관어
358	intact [인택] 형)온전한, 손상되지 않은	entire [인타이어]	complete, uninjured
359	interlock [인터락] 동)(서로)연결하다	connect [커넥트]	interweave, intertwine
360	intimate [인티밋트] 형)친밀한, 사적인	familiar [퍼밀리어]	close, personal, 명)intimacy: 친밀
361	intricate [인트리킷트] 형)복잡한	complicated [컴플리케이티드]	sophisticated, detailed 명)intricacy: 복잡성
362	intriguing [인트리깅] 형)흥미로운	interesting [인터레스팅]	exciting, stimulating 동)intrigue: 흥미를 불러일으키다
363	intrinsic [인트린식] 형)기본적인, 근본적인, 선천적인	fundamental [펀더멘틀]	essential, basic 형)inherent: 선천적인
364	introspective [인트로스펙티브] 형)자아성찰적인	self-reflective [셀프-리플렉티브]	self-examining 명)introspection: 자아성찰
365	introverted [인트로버티드] 형)내성적인,내향적인	reserved [리저브드]	shy

NO	수필어	필동어	동의어/연관어
366	intrusive [인트루씨브] 형)거슬리는, 성가신	interfering [인터피어링]	disturbing, annoying
367	invent [인벤트] 동)고안하다, 만들다	devise [디바이즈]	contrive
368	invoke [인보우크] 동)적용하다, 호소하다	apply [어플라이]	appeal
369	involve [인발브] 동)포함하다, 연관시키다	include [인클루드]	implicate
370	irrigation [이리게이션] 명)관개, 물대기	water supplying [워터 써플라잉]	동)irrigate: 물대다
371	isolate [아이설레이트] 동)고립시키다	alienate [에일리네이트]	insulate, detach 명)isolation: 고립

J

NO	수필어	필동어	동의어/연관어
372	jeopardize [제퍼다이즈] 동)위태롭게하다	imperil [임페릴]	endanger risk hazard

L

NO	수필어	필동어	동의어/연관어
373	lapse [랩스] 1. 명)실수, 간격 2.동)빠지다	mistake [미스테이크]	interval 동)slip (어떤상태)빠지다
374	layman [레이먼] 명)비전문가	nonprofessional [넌프러풰셔널]	amateur, layperson
375	legitimate [레짓터밋트] 형)합법적인, 합당한	legal [리글]	valid, licit 반)illegitimate, illegal:불 법의
376	lenient [레니언트] 형)관대한, 자비로운	generous [제너러스]	merciful
377	lessen [렛쓴] 동)줄이다	reduce [리듀스]	diminish, dwindle
378	liken [라이큰] 동)비교하다	compare [컴페어]	유)contrast: 대조하다
379	likeness [라이크니스] 명)유사성, 비슷함	similarity [씨밀래러티]	resemblance, analogy

NO	수필어	필동어	동의어/연관어
380	likewise [라이크와이즈] 부)비슷하게	similarly [씨밀럴리]	identically
381	lineage [리니어쥐] 명)가계, 혈통	descent [디쓴트]	ancestry, parentage
382	linear [리니어] 형)(직)선의	straight [스트레이트]	of a line
383	literally [리터럴리] 부)문자(말) 그대로.	exactly [이그잭틀리]	actually, in effect, word for word
384	locale [로케일] 명)현장	scene [씬]	setting
385	lofty [로프티] 형)고상한, 우뚝솟은	sublime [서브라임]	noble, high
386	long-winded [롱-와인디드] 형)장황한	lengthy [렝씨]	long, wordy 반)short-winded: 간결 한
387	lucrative [루크러티브] 형)수익성있는	profitable [프라핏터블]	beneficial

M

388	maintain [메인테인] 동)유지하다, 지속하다	sustain [써쓰테인]	keep up, continue 명)maintenance: 유지
389	makeshift [메이크쉬프트] 명)임시변통, 미봉책	improvisation [임프러비제이션]	make-do
390	malnutrition [맬뉴트리션] 명)영양부족, 영양실조	undernourishment [언더너리쉬먼트]	malnourishment
391	manifest [매니페스트] 1. 형)분명한, 2. 동)보여주다	apparent [어패런트]	obvious 동)reveal, show: 보여주다
392	manipulate [매니퓰레이트] 동)속이다, 이용하다	expliot [익스플로이트]	trick, cheat
393	mechanism [메커니즘] 명)메커니즘, 시스템	system [씨스템]	
394	meditate [메디테이트] 동)명상하다	contemplate [컨템플레이트]	ponder, think 명)meditation: 명상

NO	수필어	필동어	동의어/연관어
395	menace [메니스] 1. 명)위협, 위험, 2. 동)위협하다	threat [쓰레트]	danger, threaten, endanger
396	metabolism [메타볼리즘] 명)신진대사		chemical process of organism
397	minimal [미니멀] 형)최소한	minimum [미니멈]	smallest
398	mirror [미러] 동)반영하다	reflect [리플렉트]	echo
399	mischievous [미쓰취버스] 형)귀찮게하는, 해로운	irritating [이리테이팅]	injurious
400	misconception [미쓰컨셉션] 명)오해, 오류	misunderstanding [미쓰언더스탠딩]	fallacy, misperception
401	misgiving [미쓰기빙] 명)근심, 의심	anxiety [앵자이어티]	suspicion
402	mislead [미쓰리드] 동)오도하다	misguide [미쓰가이드]	misdirect 형)misleading: 오도하는

66

NO	수필어	필동어	동의어/연관어
403	monotonous [모나트너스] 형)단조로운, 지루한	unvarying [언베어링]	boring
404	most likely [모스트 라이클리] 부)아마도	maybe [메이비]	probably
405	multiply [멀티플라이] 동)곱하다, 증가하다	increase [인크리스]	extend
406	mundane [먼데인] 형)일상적인	ordinary [오디너리]	routine
407	mutation [뮤테이션] 명)돌연변이	variant [베어리언트]	mutant
408	mute [뮤트] 형)말없는	silent [싸일런트]	still
409	mutter [머터] 동)투덜대다, 불평하다	grumble [그럼블]	complain
410	mutual [뮤츄얼] 형)상호의	reciprocal [리씨프러클]	symbiotical 명)mutuality : 상호관계

| 411 | myriad
[미리어드]
형)수많은 | innumerable
[인뉴머러블] | countless |

N

412	neutral [뉴트럴] 형)중립의, 객관적인	objective [어브젝티브]	impartial, unbiased 숙)on the fence: 중립적 인
413	nocturnal [낙터늘] 형)야행성의	active at night	반)diurnal: 주행성의
414	nomadic [노매딕] 형)유목의, 이주하는	migratory [마이그러토릭]	unsettled, wandering 명)nomad: 유목민
415	nominal [나미늘] 형)작은, 사소한, 명목상 의	marginal [마지널]	small
416	norm [놈] 명)표준, 기준	standard [스탠다드]	criterion, mode
417	nullify [눌러파이] 동)무효화하다	invalidate [인밸리데이트]	annul 숙)null and void: 무효의

NO	수필어	필동어	동의어/연관어
418	nursery [너써리] 명)보육원	daycare center [데이케어센터]	childcare center
419	nurture [너춰] 동)양육하다	nourish [너리쉬]	bring up
420	nutrient [뉴트리언트] 명)영양분	nourishment [너리쉬먼트]	nutrition

O

NO	수필어	필동어	동의어/연관어
421	obesity [오비씨티] 명)비만	fat [뺏]	fatness 형)obese: 비만의
422	obituary [오비츄에리] 명)사망기사	eulogy [율러쥐]	death notice
423	objective [어브젝트브] 1. 형)객관적인, 2. 명)목표	fair [페어]	goal
424	oblivion [오블리비즌] 명)망각	limbo [림보]	forgetfulness 형)oblivious 망각의

NO	수필어	필동어	동의어/연관어
425	obscure [오브스큐어] 형)모호한	vague [베이그]	ambiguous, unclear
426	obsolete [옵설릿트] 형)구식의	old-fashioned [올드-패션드]	out of date, outdated
427	odds [오즈] 명)가능성	possibility [파써빌러티]	probability 숙)at odds: 다투는
428	offset [오프셋] 동)상쇄하다 명) 균형, 상쇄	counterbalance [카운터밸런스]	equalizer, counterpoise
429	offspring [오프스프링] 명)자손, 후손, 자식	descendant [디쎈던트]	inheritor, child
430	onset [온셋] 명)시작	beginning [비기닝]	start, commencement
431	optical [옵티클] 형)시각의	visual [비주얼]	optic
432	optimal [옵티멀] 형)최상의	optimum [옵티멈]	best

NO	수필어	필동어	동의어/연관어
433	originality [오리지낼러티] 명)독창성	novelty [노블티]	creativity, ingenuity
434	ostensible [오스텐써블] 형)표면상의	superficial [슈퍼피셜]	seeming, pretended
435	otherwise [어더와이즈] 부)다르게	differenctly [디퍼런틀리]	in another way
436	outburst [아웃버스트] 명)발생, 발발	outbreak [아웃브레이크]	occurrence
437	outdated [아웃데이티드] 형)구식의, 오래된	outmoded [아웃모우디드]	old-fashioned, out of date
438	outgrow [아웃그로우] 동)초과하다	surpass [써패스]	exceed, outweigh
439	outlaw [아웃로] 동)금하다	prohibit [프러히빗!]	make illegal
440	outlet [아웃릿트] 명)출구	vent [벤트]	exit

NO	수필어	필동어	동의어/연관어
441	outperform [아웃퍼폼] 동)초과하다	outdo [아웃두]	outgrow, surpass 접)out-: 초과하는 (surpassing)
442	outpspoken [아웃스포큰] 형)솔직한	candid [캔디드]	frank, bold
443	outright [아웃라잇트] 1.형)완전한, 솔직한, 2. 부)완전히, 솔직히	complete [컴플리트]	straightforward
444	outset [아웃쎗] 명)시작, 발단	commencement [커멘스먼트]	start, beginning
445	outweigh [아웃웨이] 동)초과하다	exceed [익씨드]	surpass, outdo
446	overcome [오버컴] 동)극복하다	surmount [써마운트]	conquer, defeat
447	overhaul [오버하울] 동)점검하다, 조사하다	scrutinize [스크루티나이즈]	examine, inspect
448	overlap [오버랩] 동)겹치다	cross over [크로스 오버]	lap over, coincide

NO	수필어	필동어	동의어/연관어
449	overture [오버춰] 명)서곡, 도입부	prelude [프렐류드]	introduction

P

NO	수필어	필동어	동의어/연관어
450	paralyze [패럴라이즈] 동)마비시키다	immobilize [임모빌라이즈]	inactivate, 명)paralysis: 마비
451	partake (in) [파테이크] 동)참여하다	participate (in) [파티써페이트]	take part in
452	partisan [파티산] 형)편파적인	partial [파셜]	factional 명)partisanship: 편파, 당 파심
453	pastoral [패스토럴] 형)목가적인, 전원의	rural [루럴]	rustic
454	pasture [패스춰] 명)목초지, 초원	grass [그래스]	meadow
455	patent [패이튼] 명)특허	copyright [카피라이트]	licence

NO	수필어	필동어	동의어/연관어
456	patron [패트란] 명)후원자, 고객	sponsor [스폰서]	customer
457	peculiar [피큘리어] 형)독특한, 특이한, 이상한	unusual [언유주얼]	odd, special
458	perception [퍼셉션] 명)지각, 인식	conception [칸셉션]	awareness, recognition 동)perceive: 인지하다
459	periodic [피리아딕] 형)주기적, 정기적	regular [레귤러]	periodical sporadic
460	peripheral [퍼리퍼럴] 형)지엽적인, 중요치않은	marginal [마지널]	unimportant, secondary
461	perish [페리쉬] 동)죽다, 멸망하다	collapse [컬랩스]	die 숙)pass away: 죽다
462	persistent [퍼씨스턴트] 형)끈기있는, 지속적인, 만성적인	chronic [크라닉]	relentless, continuous 명)persistence/ persistency: 지속
463	perspective [퍼쓰펙티브] 명)관점	standpoint [스탠드포인트]	viewpoint, point of view

| --- | --- | --- | --- |
464	peruse [퍼류즈] 동)정독하다	look through	read carefully examine,
465	pervade [퍼베이드] 동)스며들다, 퍼지다	permeate [퍼미에이트]	spread 형)pervasive: 만연하는
466	pervasive [퍼베이씨브] 형)널리퍼진, 만연한	widespread [와이드스프레드]	prevalent, prevailing
467	perverted [퍼버티드] 형)비정상적인	abnormal [애브노믈]	distorted
468	petition [페티션] 1. 명)탄원, 요청 2. 동)요청하다	request [리퀘스트]	appeal
469	philantropy [필랜트로피] 명)자선	charity [췌러티]	altruism, humanitarianism
470	photosynthesis [포토씬써시스] 명)광합성		chemical, process
471	physiology [피지알러쥐] 명)생리학		study of an organism's functions

NO	수필어	필동어	동의어/연관어
472	**plagiarize** [플레이져라이즈] 명)표절하다, 도용하다	**appropriate** [어프로프리에이트]	steal, 명)plagiarism 표절
473	**plausible** [플로져블] 형)믿을수 있는, 가능성 있는	**believable** [빌리버블]	credible, possible
474	**plunder** [플런더] 동)약탈하다	**rob** [롭]	steal, pillage
475	**plunge** [플런쥐] 동)급낙하다	**plummet** [플러밋]	tumble down, decline suddely
476	**poise** [포이즈] 1. 동)균형을 맞추다. 2. 명)균형	**balance** [밸런스]	equilibrium
477	**polar** [폴러] 형)(양)극지의,	**extreme** [익스트림]	opposite
478	**populace** [파퓰리스] 명)대중	**public** [퍼블릭]	masses
479	**portray** [포트레이] 동)묘사하다	**depict** [디픽]	describe

NO	수필어	필동어	동의어/연관어
480	potent [포튼트] 형)강한	powerful [파워플]	strong
481	precede [프리씨드] 동)선행하다, 앞서다	forego [포어고우]	go before
482	precedent [프레씨든트] 명)선례	example [이그잼플]	instance, previous case
483	precept [프리셉트] 명)규율, 원칙, 격언	rule [룰]	principle, maxim
484	preconception [프리컨셉션] 명)선입견	bias [바이아쓰]	prejudice a conception formed beforehand
485	predator [프레데터] 명)포식자, 약탈자	carnivore [카니보어]	동)predate: 먹이를찾다
486	predetermined [프리디터민드] 형)예정된, 미리 결정된	preset [프리셋트]	predestined
487	predicament [프리디커먼트] 명)곤경, 수렁	dilemma [딜레마]	plight, quagmire

NO	수필어	필동어	동의어/연관어
488	predominant [프리다미넌트] 형)두드러진, 뚜렷한, 중요한	prominent [프라미넌트]	prevailing
489	preeminent [프리에미넌트] 형)탁월한	outstanding [아웃스탠딩]	superior
490	preference [프레퍼런스] 명)선호	priority [프라이아러티]	inclination
491	prehistoric [프리히스토릭] 형)선사시대의, 역사이전의	ancient [에이션트]	primitive
492	prejudice [프레쥬디스] 명)편견	stereotype [스테레오타입]	preconception, bias
493	premature [프리머춰] 형)조숙한	early [얼리]	preterm
494	premise [프레미스] 명)전제조건, 명제, 가정	proposition [프러포지션]	assumption
495	preserve [프리져브] 동)보존하다	conserve [컨써브]	keep

NO	수필어	필동어	동의어/연관어
496	pressing [프레씽] 형)긴급한	urgent [어즌트]	imperative
497	presume [프리줌] 동)추정하다, 가정하다	assume [어쑴]	postulate, suppose
498	pretense [프리텐스] 명)가식, 위장	feigning [페이닝]	make-believe 동)pretend (to) 가장하다
499	pretext [프리텍스트] 명)핑계, 구실	excuse [익스큐즈]	pretense, red herring
500	prevalent [프레벌런트] 형)만연한, 널리퍼진	prevailing [프리베일링]	predominant, widespread
501	prey [프레이] 명)먹이, 사냥감	victim [빅팀]	quarry, game 반)predator : 약탈자/포식자
502	primitive [프리미티브] 형)원시적인, 미개한	uncivilized [언씨빌라이즈드]	savage, barbaric
503	priority [프라이아러티] 명)우선사항	precedence [프레씨든스]	first concern

NO	수필어	필동어	동의어/연관어
504	probe [프로브] 동)조사하다, 명)조사	investigate [인베스티게이트]	examine
505	proficient [프퍼피션트] 형)능숙한	skillful [스킬풀]	adept, 명)expert: 전문가
506	promising [프라미씽] 형)유망한, 밝은	propitious [프러피셔스]	bright, hopeful 반)unpromising: 가망없 는
507	proponent [프러포우넌트] 명)지지자	advocate [애드버킷]	supporter, patron
508	pros and cons [프로스 앤 컨스] 명)찬반양론	advantages and disavantages	
509	prosperity [프라스페러티] 명)번영	affluence [어플루언스]	flourishing
510	prototype [프로토타입] 명)원형, 전형, 본보기	archetype [아키타입]	original example, epitome
511	provision [프로비즌] 1. 명)제공, 2. 명)항목, 조항	supplying [써플라잉]	stipulation

NO	수필어	필동어	동의어/연관어
512	proximate [프락씨밋트] 형)가까운, 근접한	close [클로우스]	near, approximate
513	psychiatry [싸이카이어트리] 명)정신의학	psychopathology [싸이코퍼쌀러쥐]	명)psychiatrist:정신과의사
514	public [퍼블릭] 형)공공의, 대중의	official [오피셜]	general, open, 명)the public: 대중
515	public relations (PR) [퍼블릭 릴레이션스] 명)홍보	promotion [프러모우션]	publicity
516	pundit [펀딧트] 명)전문가	expert [엑쓰퍼트]	professional, specialist

R

NO	수필어	필동어	동의어/연관어
517	rampant [램펀트] 형)걷잡을 수 없는, 만연한	unrestrained [언리스트레인드]	rife, widespread
518	rapport [래포트] 명)관계	relationship [릴레이션쉽]	kinship

NO	수필어	필동어	동의어/연관어
519	recall [리콜] 동)상기하다, 기억해내다	remember [리멤버]	recollect, retrieve
520	recession [리쎄션] 명)경기하강, 불황	decline [디클라인]	downturn, trough
521	reciprocal [리씨프러클] 형)상호간의	symbiotical [씸비아티클]	mutual 동)reciprocate: 상호교환 하다
522	reciprocate [리씨프러케잇트] 동)상호교환하다, 보답하 다	interchange [인터체인쥐]	requite, repay 명)reciprocation: 보답
523	reconcile [레컨싸일] 동)화해시키다, 해결하다	resolve [리절브]	conciliate, settle
524	rectify [렉터파이] 동)고치다	correct [커렉트]	remedy
525	recur [리커] 동)반복되다	repeat [리핏트]	reiterate
526	recurrent [리커런트] 형)반복되는	repeated [리핏티드]	recurring, repetitive

NO	수필어	필동어	동의어/연관어
527	reference [레퍼런스] 명)언급, 참조	mention [멘션]	comment
528	reflect [리플렉트] 동)비추다, 반영하다	mirror [미러]	echo
529	refute [리퓨트] 동)논박하다, 부인하다	disprove [디쓰프루브]	deny 반)prove: 증명하다
530	regarding [리가딩] 전)대해서	concerning [컨써닝]	about
531	regress [리그레스] 동)퇴보하다, 퇴행하다	recede [리씨드]	return, lapse 형)regressive: 퇴행하는
532	reinforce [레인포스] 동)강화하다, 증강하다	strengthen [스트렝쓴]	beef up, fortify 유)augment: 증가시키다
533	reiterate [리이터레이트] 동)반복되다	repeat [리핏트]	recur
534	relinquish [릴링퀴쉬] 동)양도하다, 포기하다	resign [리자인]	surrender,abandon

NO	수필어	필동어	동의어/연관어
535	reluctant [릴럭턴트] 형)내키지 않는, 꺼리는	unwilling [언윌링]	disinclined
536	remainder [리메인더] 명)나머지	remains [리메인스]	leftover, rest
537	remedy [레머디] 명)치료	therapy [쎄러피]	treatment
538	reminiscent [레미니쓴트] 형)연상시키는	remindful [리마인드풀]	resonant
539	render [렌더] 1. 동)만들다, 2. 동)제공하다	make [메이크]	provide
540	renounce [리나운스] 동)포기하다	relinquish [릴링퀴쉬]	give up
541	replicate [리플리케이트] 동)반복하다	reiterate [리이터레이트]	repeat
542	reproduce [리프러듀스] 동)재생하다, 재현하다, 번식시키다	recreate [리크리에이트]	generate, duplicate 명)reproduction： 복제, 번식

NO	수필어	필동어	동의어/연관어
543	repulsive [리펄씨브] 형)역겨운, 불쾌한	disgusting [디쓰거스팅]	distasteful, offensive
544	requisite [리퀴짓트] 형)필요한	indispensible [인디스펜서블]	necessary
545	reserved [리져브드] 형)내성적인	shy [쉬아이]	silent
546	resilient [리질리언트] 형)유연한, 융통성있는	elastic [일래스틱]	flexible
547	resolute [레절롯트] 형)확고한, 굳은	determined [디터민드]	firm
548	resort [리조트] 명)의지, 도움	recourse [리코스]	aid, help 숙)resort to: 의지하다
549	respectively [리스펙티블리] 부)각각	separately [쎄퍼릿틀리]	apiece, each
550	respiratory [레스퍼러토리] 형)호흡의, 호흡기의	of respiration	명)respiration: 호흡

NO	수필어	필동어	동의어/연관어
551	retain [리테인] 동)보유하다	contain [컨테인]	keep 명) retention: 보유
552	retarded [리타디드] 형)정신지체의	unintelligent [언인텔리전트]	underdeveloped 동)retard: 지연시키다
553	retort [리톳트] 동)대응하다, 대답하다	reply [리플라이]	answer
554	retrieve [리트리브] 동)회복하다, 기억하다	regain [리게인]	recover, restore
555	retrospective [레트로스펙티브] 형)회고하는	retroactive [레트로 액티브]	backward-looking 명)retrospection: 회고, 회상
556	rhetoric [레토릭] 명)수사법, 미사여구	oratory [오러토리]	wordiness
557	rigorous [리거러스] 형)엄격한, 정확한	severe [씨비어]	strict, exact
558	robust [로우버스트] 형)탄탄한, 활력있는	vigorous [비거러스]	energetic, active

NO	수필어	필동어	동의어/연관어
559	runup [런업] 명)증가	increase [인크리스]	augmentation 반)decrease: 감소

S

NO	수필어	필동어	동의어/연관어
560	sanitation [쌔니테이션] 명)위생	hygiene [하이진]	cleanliness 형)sanitary: 위생적인
561	satiate [쌔티에이트] 동)만족시키다	satisfy [쌔티스파이]	fulfill
562	saturate [쌔춰레이트] 동)적시다, 포화시키다	soak [쏘욱크]	fill, imbue
563	savage [쌔비쥐] 형)야만적인, 미개한	uncivilized [언씨빌라이즈드]	barbaric
564	scarcity [스캐써티] 명)희소, 겹핍, 부족	shortage [쇼티쥐]	insufficiency, deficiency scarcity value: 희소성의 가치
565	scrutinize [스크루티나이즈] 동)면밀히 조사하다	examine [이그재민]	inspect, overhaul 명)scrutiny: 조사, 검토

NO	수필어	필동어	동의어/연관어
566	sedentary [세든테리] 형)좌식의, 앉아서 하는	sitting [씨팅]	seated
567	seldom [쎌덤]	rarely [레얼리]	hardly, scarcely 부)거의 –하지 않다 (부정의미)
568	self-esteem [셀프–에스팀] 명)자부심	self-respect [셀프–리스펙트]	self–pride
569	self-satsified [셀프–쎄티스파이드] 형)자족하는	complacent [컴플레이쓴트]	content
570	self-serving [셀프–서빙] 형)이기적인	selfish [셀피쉬]	self–centred, self– seeking 반)unselfish: 관대한
571	sequence [씨퀀스] 명)연속적인 사건, 순서, 연속(성)	series [씨리즈]	succession, an order of succession
572	serene [쎠린] 형)평온한	calm [캄]	peaceful 명)serenity: 평온
573	setback [백] 명)차질, 좌절	hold-up [홀덥]	failure, misfortune

NO	수필어	필동어	동의어/연관어
574	sewage [쓰윗쥐] 명)하수, 오물	waste [웨이스트]	effluent
575	shortcoming [숏커밍] 명)단점, 결점	drawback [드로백]	flaw, disadvantage
576	shred [쉬레드] 1.명)조각, 2. 동)자르다	particle [파티클]	fragment
577	situate [씨추에이트] 동)위치시키다	locate [로케이트]	site
578	skeptical [스캡티클] 형)의심스런, 회의적인	doubtful [다웁풀]	dubious, questioning
579	solidify [쏠리더파이] 동)굳히다	harden [하든]	make solid
580	solvent [쏠번트] 1. 형)녹일수 있는 2. 형)지급할 수 있는, 3. 명)용매	dissolvent [디절번트]	resolvent 명)solvency：지불능력
581	soothe [쑤드] 동)진정시키다, 누그러뜨 리다	relieve [릴리브]	alleviate, mitigate, appease

NO	수필어	필동어	동의어/연관어
582	sparse [스파스] 형)드문, 희박한	scattered [스케터드]	scarce, sporadic
583	specimen [스페써먼] 명)표본, 견본	example [이그잼플]	sample, model
584	spontaneous [스판테이니어스] 형)즉흥적인, 자발적인	impulsive [임펄씨브]	instinctive, unplanned 반)planned : 계획적인
585	static [스테틱] 형)고정된, 움직이지 않 는	fixed [픽스드]	motionless, stationary
586	stationary [스테이셔너리] 형)움직이지 않는	static [스테틱]	still 숙) stand still : 가만히있 다
587	status quo [스테이터스 쿼오] 명)현상태	current situation [커런트 씨추에이션]	
588	stereotype [스테레오타입] 명)고정관념, (고정된)틀	pattern [패턴]	cliche, mould
589	sterile [스테럴] 형)불임의, 살균의	infertile [인퍼틀]	barren, impotent

590	stigma [스티그마] 명)불명예,오명	disgrace [디쓰그레이스]	shame
591	stimulate [스티뮬레잇트] 동)자극하다	provoke [프러보우크]	invigorate, excite 명)stimulation: 자극
592	straightforward [스트레잇트포워드] 형)솔직한, 단순한, 쉬운	unambiguous [언앰비귀어스]	frank, simple
593	strenuous [스트레뉴어스] 형)정열적인, 맹렬한	energetic [에너제틱]	zealous
594	strife [스트라이프] 명)갈등, 다툼, 투쟁	conflict [칸플릭트]	discord
595	striking [스트라이킹] 형)인상적인	impressive [임프레씨브]	noticeable
596	struggle (to) [스트러글] 동)애쓰다, 노력하다, 분투하다	strive (to) [스트라이브]	endeavor
597	stubborn [스터번] 형)완고한, 고집센	obstinate [오브스티닛트]	inflexible, sturdy 명)stubbornness: 완고 함

NO	수필어	필동어	동의어/연관어
598	subconscious [써브칸쉬어스] 형)잠재적인, 무의식적인	latent [레이튼트]	unconscious
599	subdue [써브듀] 동)진압하다, 억제하다	suppress [써프레스]	vanquish, repress
600	subjective [써브젝티브] 형)주관적인	personal [퍼스널]	private 반)objective: 객관적인
601	subsequent [써브씨퀀트] 형)다음의, 차후의	succeeding [썩씨딩]	following
602	subsidy [써브씨디] 명)보조금	financial aid [파이낸셜 에이드]	동) subsidize: 보조금을 주다
603	substantial [써브스탠셜] 1. 형)상당한, 2. 형)중요 한, 3. 형)실제적인	considerable [컨씨더러블]	important, real
604	substantiate [써브스탠쉬에잇트] 동)확인하다, 입증하다	verify [베리파이]	confirm
605	substitute [써브스터튜드] 명)대체, 대리, 동)대체하다	replacement [리플레이스먼트]	proxy, 동)replace: 대체하다

92

NO	수필어	필동어	동의어/연관어
606	succumb (to) [써컴] 동)굴복하다	surrender [써랜더]	submit (to), yield, cave in, give in
607	superficial [슈퍼피셜] 형)겉보기의, 표면적인	seeming [씨밍]	ostensible, shallow 숙)on the surface: 표면상
608	superstition [슈퍼스티션] 명)미신	myth [미쓰]	unfounded belief
609	surmount [써마운트] 동)극복하다	overcome [오버컴]	overpower, conquer
610	surpass [써패스] 동)초과하다, 압도하다	exceed [익씨드]	transcend, outgrow
611	susceptible [써셔블] 형)민감한	senstitive [쎈스티브]	susceptive
612	suspend [써스펜드] 1. 동)중단시키다, 2. 동)매달다	discontinue [디쓰컨티뉴]	hang, defer 명)suspension: 중단, 정학
613	sustain [써스테인] 동)지속하다, 유지하다	maintain [메인테인]	continue

NO	수필어	필동어	동의어/연관어
614	symbiosis [씸비오시스] 명)공생, 상호의존	mutualism [뮤츄얼리즘]	interdependence
615	symmetry [씨메트리] 명)대칭, 균형	proportion [프러포션]	balance 반)asymmetry : 비대칭
616	sympathy [씸퍼씨] 명)동정, 공감, 연민	empathy [엠퍼씨]	compassion, pity 동)sympathize : 동정하다 반) antipathy : 반감
617	symptom [씸프톰] 명)증상	indication [인디케이션]	sign
618	synthesize [씬써사이즈] 동)합성하다	combine [컴바인]	compound 명)synthesis 합성

T

NO	수필어	필동어	동의어/연관어
619	tarnish [타니쉬] 동)먹칠하다, 더럽히다(평판)	stain [스테인]	dishonor, taint
620	tedious [티디어스] 형)지루한	boring [보링]	irksome

NO	수필어	필동어	동의어/연관어
621	template [템플릿] 명)견본, 본보기	example [이그잼플]	model
622	tenacious [터네이셔스] 형)집요한, 응집력 있는	cohesive [코히씨브]	adhesive, obstinate
623	tendency [텐던씨] 명)경향, 기질, 편견	inclination [인클러네이션]	predisposition, bias
624	tentative [텐테이티브] 형)잠정적인	temporary [템퍼러리]	provisional, uncertain
625	terminal [터미널] 형)최후의, 마지막의	final [파이널]	last
626	terse [터스] 형)간결한	concise [컨싸이즈]	short-winded, trimmed 반)long-winded: 장황한
627	threshold [쓰레쉬홀드] 1. 명)문턱, 2. 명)시작, 3. 명)한계(점)	entrancet [엔트런스]	outset, limit
628	tolerance [탈러런스] 1. 명)관용, 용인, 2. 명)인내, 내성	allowance [얼라우언스]	endurance, charity 동)tolerate: 인내하다

629	toxic [탁씩] 형)유독성의, 유해한	poisonous [포이즈너스]	harmful
630	trajectory [트러젝토리] 명)궤적, 궤도	path [패쓰]	course, route
631	tranquil [트랭퀼] 형)고요한	calm [캄]	serene 명)tranquility : 고요
632	trial and error [트라이얼 앤 에러] 명)시행착오		expriment for a solution
633	trigger (to) [트뤼거] 동)야기시키다	cause [코즈]	bring about 명)trigger : 방아쇠
634	typical [티피컬] 형)전형적인, 대표적인	representative [레프리젠터티브]	archetypal

U

635	unanimous [유내너머스] 형)만장일치의	agreed [어그리드]	accordant, in complete agreement

NO	수필어	필동어	동의어/연관어
636	uncertainty [언써튼티] 명)불확실성, 의심, 회의	doubt [다웁트]	dubiety, suspicion, skepticism
637	uncivilized [언씨빌라이즈드] 형)미개한	barbaric [바바릭]	savage, primitive
638	undercut [언더컷] 동)약화시키다	undermine [언더마인]	weaken
639	underestimate [언더에스티메잇트] 동)과소평가하다	undervalue [언더밸류]	disesteem, disrespect
640	undergo [언더고우] 동)겪다, 경험하다	experience [익스피리언스]	go through
641	underlie [언더라이] 동)기초하다, 근거를 이루다	found [파운드]	ground 형)underlying: 기본적인
642	underlying [언더라잉] 형)기본적인, 근본적인	radical [라디컬]	basic, fundamental, essential
643	undermine [언더마인] 동)약화시키다	weaken [위큰]	lessen

NO	수필어	필동어	동의어/연관어
644	underpin [언더핀] 동)뒷받침하다, 지지하다	support [써포트]	back (up)
645	undertake [언더테이크] 동)맡다	take on [테이크 온]	take charge of
646	unfold [언폴드] 동)펴다	unroll [언롤]	reveal
647	unilateral [유니래터럴] 형)일방적인, 편파적인	one-sided [원-싸이디드]	partial, biased
648	unleash [언리쉬] 동)해방시키다, 풀어주다	release [릴리스]	free from
649	unlike [언라이크] 형)다른, 전)다르게, 달리	dissimilar [디씨밀러]	different
650	unparalleled [언패러낼드] 형)견줄수 없는, 유례없는	incomparable [인컴페러블]	unequalled, unmatched
651	unprecedented [언프리씨덴티드] 형)전례없는	exceptional [익셉셔널]	unparalleled

NO	수필어	필동어	동의어/연관어
652	upheaval [업히블] 명)격동, 격변	turmoil [터모일]	uplift
653	uphold [업홀드] 동)지지하다	support [써포트]	back (up)
654	usher [어쉬어] 동)안내하다	guide [가이드]	escort
655	utilitarian [유틸리태리언] 형)유용한	useful [유쓰플]	functional, practical

V

NO	수필어	필동어	동의어/연관어
656	vacant [베이컨트] 형)비어있는	empty [엠프티]	blank 명)vacancy
657	valid [밸리드] 형)유효한, 타당한	legitimate [레짓터밋트]	reasonable
658	vanish [베니쉬] 동)사라지다	disappear [디쓰어피어]	fade (out)

NO	수필어	필동어	동의어/연관어
659	variant [베리언트] 명)변종	mutant [뮤튼트]	strain
660	velocity [벨라씨티] 명)속도	rapidity [래피더티]	speed
661	ventilate [벤틀레이트] 동)환기시키다	refresh [리프레쉬]	aerate
662	verify [베리파이] 동)확인하다	confirm [컨펌]	authenticate, ensure
663	vex [벡스] 동)귀찮게하다	annoy [어노이]	irritate, bother 숙) pain in the neck: 골 치거리
664	viable [바이어블] 형)가능한	plausible [플로져블]	possible, feasible
665	vigor [비거] 명)힘. 활력	strenghth [스트렝쓰]	energy 형) vigorous: 활기찬
666	violate [바이얼레이트] 동)위반하다	infringe [인프린쥐]	breach

NO	수필어	필동어	동의어/연관어
667	volatile [발러틀] 형)변화심한, 예측할 수 없는	inconsistent [인컨씨스턴트]	unpredictable
668	voluntary [발런테리] 형)자발적인, 의도적인	intentional [인텐셔널]	intended, deliberate 동)volunteer: 자원하다, 명)자원봉사자
669	vulnerable [버너러블] 형)취약한, 영향받기 쉬운	fragile [프래쥘]	susceptible, weak 명)vulnerability: 취약성

W

NO	수필어	필동어	동의어/연관어
670	wean (off) [윈] 동)젖을 떼다, 떼어내다	detach [디테취]	alienate, deprive (of)
671	weigh [웨이] 동)측정하다, 평가하다	measure [메줘]	evaluate 숙)weigh on: oppress 압박하다
672	whimsical [휨지컬] 형)변덕스런	capricious [커프리쉬어스]	impulsive, arbitrary
673	withstand [위쓰스탠드] 동)저항하다	resist [리지스트]	oppose
674	word-of-mouth [워드어브마우스] 형)구두의, 명)입소문	verbal [버블]	oral, spoken, unwritten

| 675 | worn out
[원 아웃]
형)지친 | exhausted
[이그조스티드] | fatigued |
| 676 | wrongheaded
[헤디드]
형)잘못된, 완고한,
삐뚤어진 | wrong | misguided, misleading,
misplaced |

2

수능영어에
꼭 나오는
필수 관용어구

수능영어에서 단골로 등장하는

숙어, 관용어구 모음

NO	필수관용어구	동의어 / 의미
1	a last resort	a means to an end [최후의 수단]
2	a number of	a great deal of [많은]
3	account for	explain, [설명하다] take up [차지하다]
4	along the way	somewhere on the way [도중에]
5	all but	almost [거의]
6	apart from	aside from, besides ~제외하고
7	as long as	as far as, on the condition that ~ [~ 하는 한]
8	as well	also[또한], too [역시] (문미에 위치)
9	as well as	in addition (to) [~ 추가해서]

NO	필수관용어구	동의어 / 의미
10	at a loss	perplexed [당황한]
11	at every turn	at every moment [매순간]
12	at hand	accessible, near [가까이에 있는]
13	at large	as a whole/in general [일반적으로]
14	at odds	in conflict [충돌의, 다투는]
15	at one's disposal	available for one's use [마음대로 이용할 수 있게] at hand, [활용할 수 있는]
16	at random	without any plan [무작위로]
17	at the expense of	at the sacrifice of [~희생하여, ~대가로]
18	at the same time	simultaneously [동시에]

19	at times	from time to time, sometimes [가끔, 때때로]
20	be about to	on the point of [막 ~ 하려 하는]
21	be based on	on the basis of [~ 근거로 하여]
22	be inclined to	be willing to [~ 하려는 경향이 있는]
23	be likely to	be possible [~ 할 가능성 있는]
24	be made up of	comprise of, consist of [~ 으로 구성되어 있다]
25	be prone to	be liable to, be apt to [~ 하기 쉬운]
26	be supposed to	be expected to [~ 하기로 되어 있는]
27	bring about	bring on, cause, set off [초래하다/야기시키다]

28	bring up	rear [기르다, 양육하다]
29	by and large	generally [대체로, 전반적으로]
30	by chance	accidently [우연히]
31	by means of	owning to [때문에]
32	by way of	through, via [~통해서, 의해서]
33	call for	demand, require [요구하다, 요청하다]
34	can't affort to	can't be able to undergo [~할 여유가 없다]
35	can't help but + 동사원형	be unable to avoid [~할 수 밖에 없다]
36	carry out	put into practice [수행하다, 실행하다]

NO	필수관용어구	동의어 / 의미
37	cave in	surrender [굴복하다]
38	chances are that	it is likely that [~일 것 같다 (가능성)]
39	come across	encounter [1. 우연히 마주치다] appear [2. ~처럼 보이다]
40	come up with	produce [~(생각/아이디어)떠올리다]
41	conform to	abide by, comply with [잘 따르다, 준수하다]
42	consist of	comprise of [~로 구성되다]
43	cope with	deal with [대처하다, 다루다]
44	depending on	according to [~따라(서)]
45	do away with	eliminate, get rid of [제거하다]

NO	필수관용어구	동의어 / 의미
46	due to	on account of, because of [때문에]
47	end up (with)	result, turn out [결국 ~ 하게되다]
48	far from	remote from [~부터멀리 떨어진(부정의미)]
49	feel like	want, desire [~하고 싶은 경향이 있다, 원하다]
50	figure out	discover, solve [알아내다, 풀다]
51	find out	ascertain, detect, catch [알아내다]
52	for the sake of	for the benefit of [~위하여]
53	free from	exempt [~면한, 해방된, 자유로운]
54	from (A) to (B)	[A부터 B까지]

NO	필수관용어구	동의어 / 의미
55	from scratch	from the beginning [처음부터]
56	gear up for	be ready for [준비하다]
57	get across	make understandable [이해시키다]
58	get on well with	get along with [~(사이좋게) 잘지내다]
59	get rid of	shrug off, remove [제거하다]
60	give off	give out, emit [내다, 발산하다]
61	give way (to)	give in, retreat, yield [양보하다, 후퇴하다]
62	go about	set about [착수하다, 시작하다]
63	go through	experience [겪다, 경험하다]

NO	필수관용어구	동의어 / 의미
64	had better	should or must [~하는게 더 낫다]
65	hand in	submit [제출하다]
66	happen to	occur [발생하다, 일어나다]
67	have an effect on	affect [영향을 끼치다]
68	have (nothing) to do with	not involve something, irrelavant with [~(와) 관련 없다]
69	have (something) to do with	be related to something, relevant with [~(와) 관련 있다]
70	hold back	refrain, restrain [삼가다, 억제하다]
71	how about?	what about, why don't you? [~하는게 어때 (제안/권유표현)]
72	in (the) face of	despite [~불구하고(양보)]

73	in (the) light of	in consideration of [~고려해서, 비추어]
74	in (the) wake of	as a result of [~결과로서]
75	in a row	one after another [연속해서]
76	in advance	beforehand, up front [미리]
77	in charge of	be responsible for [~책임 있는]
78	in comparison to(with)	compared to(with) [~와 비교해서]
79	in common	alike [공통으로, 공동으로]
80	in detail	thoroughly [상세하게]
81	in effect	in fact [사실상]

NO	필수관용어구	동의어 / 의미
82	in favor of	approving something/someone [~찬성하여, 지지하여]
83	in kind	in the same way, manner [같은 방식으로]
84	in order to	so as to [~하기 위해서]
85	in particular	especially, particularly [특히]
86	in place	in the usual position [제자리에 있는]
87	in public	publicly [공개적으로]
88	in return	in exchange for [보답으로]
89	in sum	in summary [요약하자면]
90	in terms of	in respect of , about [~대해서]

NO	필수관용어구	동의어 / 의미
91	in that vein	on those lines [같은 맥락에서]
92	in that, now that	because [~때문에]
93	in turn	by turns, alternately [교대로]
94	in vain	without success [헛되이]
95	keep from	prevent from [하지 못하게 하다]
96	keep in mind	remember [명심하다]
97	keep track of	know, cognize [알다, 파악하다]
98	keep up with	maintain in good condition [(잘)유지하다]
99	long before	soon [곧]

NO	필수관용어구	동의어 / 의미
100	long for	crave for [열망하다, 갈망하다]
101	look for	search for [~찾다]
102	look forward to	anticipate [~고대하다, 기대하다]
103	look to	expect [기대하다]
104	make amends	compensate for [보상하다, 수정하다(고치다)]
105	make an effort to	try hard to [애쓰다, 노력하다]
106	make it	succeed [해내다, 성공하다]
107	make public	make publicly known [공표하다, 알리다]
108	make sense (of)	to be reasonable [이해되다, 이치에 맞다]

NO	필수관용어구	동의어 / 의미
109	make the acquaintance of	keep company with [사귀다, 아는사이가 되다]
110	make the most of	use to the greatest advantage [최대한 활용하다]
111	make up for	compensate for [보상하다, 보충하다]
112	make up one's mind	decide [결심하다]
113	make use of	use effectively [활용하다]
114	make way	make aside [양보하다]
115	manage to	contrive to, survive [가까스로 ~ 해내다]
116	map out	plan [계획하다]
117	may (might) as well	better to do something, had better [~하는 편이 더 낫다]

NO	필수관용어구	동의어 / 의미
118	may well	**very possible** [~하는 것이 당연하다, ~할 가능성 있다]
119	most likely	**probably** [아마도]
120	must have +과거분사	[(과거에)~했었음이 틀림없다] (과거사실의 확신표현)
121	not (A) but (B)	[A가아니라 B이다]
122	not only(merely) A but (also) B	[both (A) and (B) A 뿐만 아니라 B도]
123	not so much (A) as (B)	[not (A) but (B) A라기 보다는 B이다]
124	nothing but	**only** [오직]
125	on (the) average	**generally, usually** [일반적으로, 평균적으로]
126	on behalf of	**as a representative of** [~대신하여]

127	on edge	nervous [긴장한]
128	on the brink of	on the verge of [~하려 하는]
129	on the other hand	from another point of view [한편, 반면에]
130	on the spot	immediately, in no time [즉시]
131	or else	if not, instead [그렇지 않다면]
132	other than	except for [제외하고]
133	out of control	runaway, out of hand [통제할 수 없는, 통제에 벗어난]
134	over time	gradually (as time goes by) [시간이 지나면서]
135	pave the way (for)	make progress easier [길을 닦다]

136	pay attention to	be careful, give attention to [~주의하다, 집중하다]
137	play a role(part) in	participate in [~ 역할을 하다]
138	point out	indicate, mention [가리키다, 지적하다]
139	prone to	apt to, subject to [~하기 쉬운]
140	prop up	support [지지하다]
141	put in others' shoes	put in other's place [역지사지, 다른사람 입장에 서다]
142	put up with	endure [인내하다, 견디다]
143	rather than	instead of [~대신에]
144	refer to	mention [언급하다]

NO	필수관용어구	동의어 / 의미
145	regardless of	in spite of [~와 상관없이]
146	resort to	depend on, take to [의존하다]
147	rest on	rely on, count on [~의지하다]
148	result in	bring about, cause, lead to [결과를 가져오다(낳다)]
149	result from	arise, stem from [~로부터 나오다, 기인하다]
150	rule out	exclude [제외하다]
151	run out (of)	exhausted, used up [고갈된, 다 써버린]
152	set in	begin to happen [시작되다]
153	set off	cause to happen [발생시키다]

NO	필수관용어구	동의어 / 의미
154	set out (to)	begin [시작하다, 출발하다]
155	set up	found, establish [설립하다, 세우다]
156	shoud have +과거분사	[(과거에)~하지말았어야 했는데] (했다는 과거사실의 유감표현)
157	show off	boast [자랑하다]
158	single out	choose, pick out [선택하다]
159	so far	up to now [지금까지]
160	spell out	make clear [분명히 설명하다]
161	stand up for	support [지지하다]
162	stave off	ward off, avoid [피하다]

NO	필수관용어구	동의어 / 의미
163	stick to	cling to, adhere to [고수하다]
164	submit to	cave in, surrender [굴복하다]
165	such as	for example [예를 들면(문중에 주로쓰임)]
166	take advantage of	exploit, make use of [이용하다]
167	take a risk	run a risk [위험을 감수하다]
168	take effect	become operative [효과가 나타나다]
169	take (it) for granted that	regard something to be available all the time [~ 당연하게 여기다]
170	take into account	consider, take account of [고려하다]
171	take measures	take action [조치를 취하다]

NO	필수관용어구	동의어 / 의미
172	take on	undertake, acquire [떠맡다, 얻다]
173	take over	become dominant [점유/점령하다]
174	take part in	participate in, partake in [참여하다]
175	take place	happen [일어나다]
176	take the place of	substitute for [대신하다, 대체하다]
177	take up	occupy, deal with [1. 차지하다, 점유하다], [2. 다루다]
178	tend to	have a tendency [~하는 경향이 있다]
179	the chances are that	it is likely that [~일 것 같다]
180	the other way around	the opposite [반대로]

181	to a degree(extent)	so much [어느 정도로]
182	turn down	reject, diminish [거절하다], [(속도/볼륨)줄이다]
183	turn out (to)	result, prove, end up(with) [결과가 ~ 되다]
184	turn to	depend on, take to [의존하다]
185	turn up	appear [나타나다]
186	under the weather	ill [아픈]
187	used to	(be) accustomed to [~에 익숙한]
188	vice versa	the other way around [반대로, 거꾸로]
189	weed out	root out [근절하다]

190	when it comes to	**about** [~대해서]
191	wind down	**relax, diminish** [긴장을 풀다, 줄이다]
192	wind up	**turn out (to)** [~ 로 판명나다]
193	with(in) regard(respect) to	**about** [대해서]
194	work out	**straighten out, solve** [1. 해결하다], [2. 운동하다]

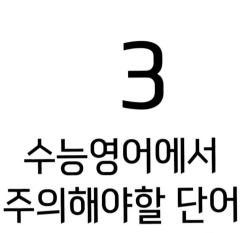

3

수능영어에서
주의해야할 단어
의미가 있는 어휘들

쉬워보이는 단어들이 다른 뜻을 가지고 있어,

수능영어에서 해석의 혼란을 유도

NO	주의 단어	일반의미	시험에 나오는 의미
1	abide	동)따르다, 준수하다 (by)	동)인내하다(endure)
2	accommodate	동)숙박시키다	동)수용하다, 화해시키다
3	adapt	동)적응시키다(adjust)	동)각색하다
4	address	명) 주소	동)다루다 (deal with)
5	appreciate	동)감사하다	동)감상하다, 평가하다
6	appropriate	형)적절한	동)전용하다(embezzle)
7	arm(s)	명)팔	명)무기(weapon)
8	attend	동)주의하다, 참석하다	책임을 맡다

NO	주의 단어	일반의미	시험에 나오는 의미
9	attribute	동)~탓으로돌리다	명) 특징(feature)
10	avenue	명)도로	명)접근(approach)
11	bank	명)은행	명)뚝
12	bargain	명)협상, 거래	동)기대하다 (for)
13	book	명)책	동)예약하다(reserve)
14	breed	동)기르다	명)종류(kind)
15	but	접) 하지만,	전) 제외하고 (except for)
16	capital	명)수도	명)대문자, 자본

NO	주의 단어	일반의미	시험에 나오는 의미
17	certain	형)어떤	형)확실한
18	channel	명)채널, 경로	동)나르다, 전달하다 (convey)
19	charge	명)책임, 요금	동)부과하다, 고소하다, 비난하다
20	chart	명)도표, 차트	동)계획하다(plan)
21	clean	형)깨끗한	동)제거하다
22	cloud	명)구름	동)모호하게하다 (obscure)
23	coin	명)동전	동)고안하다(devise)
24	company	명)회사	명)동료, 친구

NO	주의 단어	일반의미	시험에 나오는 의미
25	concentration	명)집중	명)농도(density)
26	content	명)내용	형)만족한(satisfied)
27	contract	명)계약	동)수축하다(shrink)
28	count	동)세다	동)중요하다
29	couple	명)짝, 두개, 몇몇	동)연결하다(connect)
30	decline	동)감소하다(decrease)	동)거절하다 (turn down/reject)
31	defer	동)연기하다	동)따르다(comply to)
32	deliberate	형)신중한(careful)	형)의도적인(intentional)

NO	주의 단어	일반의미	시험에 나오는 의미
33	deliver	동)전달하다, 연설하다	동)구하다, 해방시키다 (release), 성공하다
34	desert	명)사막	동)버리다
35	deposit	동)예금하다	동)두다, 퇴적시키다
36	develop	동)개발하다	동)현상하다(사진)
37	direct	형)직접적인	동)지도하다, 인도하다
38	document	명)문서, 서류	동)지지하다, 기록하다
39	edge	명)끝(end)	명)장점 (advantage), on edge 긴장한 (nervous)
40	elaborate	형)정교한	동)생산하다(produce), 발전시키다(develop)

NO	주의 단어	일반의미	시험에 나오는 의미
41	employ	동) 고용하다	동) 사용하다 (use)
42	engineer	명)엔지니어, 기술자	동)야기시키다 (cause)
43	exact	형)정확한	동)강탈하다(extort), 요구하다(require/call for)
44	face	명)얼굴	동)직면하다(confront)
45	fair	형)공정한	명)박람회
46	fan	명)팬, 부채	동)자극하다(stir)
47	fare	명)요금	동)해나가다(get along), 발생하다(happen)
48	fashion	명)유행	동)만들다(make)

NO	주의 단어	일반의미	시험에 나오는 의미
49	feature	명)특징	명)장비, 설비, 품목 (produce)
50	field	명)들판	명)분야(arena, domain)
51	fire	명)불	동)해고하다(lay off)
52	found	동)find의 과거형	동)설립하다
53	free	형)자유로운, 무료의	동)해방시키다
54	given	동)주어진	전)고려하자면
55	grasp	동)잡다, 쥐다	동)이해하다
56	harbor	명)항구	동)포함하다(contain)

NO	주의 단어	일반의미	시험에 나오는 의미
57	hold	동)잡다, 쥐다	동)개최하다, 열다
58	house	명)집	동)수용하다(lodge), 머무르다(dwell)
59	inch	명)인치(측정단위)	동)조금씩나아가다 (advance)
60	just	부)단지, 다만	형)정당한
61	kind	형)친절한	명)종류(sort)
62	land	명)땅, 동)착륙하다	동)잡다, 얻다
63	last	형)최후의, 마지막의	동)지속되다
64	latitude	명)위도	명)자유(liberty) 재량(discretion)

NO	주의 단어	일반의미	시험에 나오는 의미
65	lean	동)기대다, 숙이다(slant)	형)빈약한(meager), 얇은(thin)
66	man	명)사람	동)강화하다(fortify)
67	map	명)지도	동)계획하다(plan)
68	matter	명)문제	동)중요하다
69	means	mean: 동)의미하다	명)수단(method), 돈(money)
70	measures	measure:동)측정하다	명)조치, 방안
71	meet	동)만나다	동)충족시키다
72	minute	명)분(시간)	형)작은, 사소한(small)

NO	주의 단어	일반의미	시험에 나오는 의미
73	move	동)움직이다	동)감동시키다
74	nature	명)자연	명)본성(essentiality)
75	novel	명)소설	형)새로운, 다른
76	odds	형)이상한(odd)	명)확률, 가능성
77	own	형)자기자신의	동)소유하다(have)
78	parallel	명)평행선, 유사성	형)유사한(analogous), 동)비교하다, 상응하다
79	party	명)파티	명)당사자, 일행
80	pedestrian	명)보행자	형)일반적인(ordinary)

NO	주의 단어	일반의미	시험에 나오는 의미
81	peer	명) 동료	동) 보다 (peer at)
82	pen	명)(필기구)펜	명)우리, 축사(cage)
83	plant	명)식물, 동)심다	명)공장(factory)
84	post	명)우편, 지위	동)올리다, 게재하다
85	press	동)누르다	명)언론
86	principal	형)주요한	명)원금
87	proceed	동)지속하다(continue)	명)proceeds 수익금, 돈
88	provision	명)공급(provide 명사형)	명)(법)조항

NO	주의 단어	일반의미	시험에 나오는 의미
89	race	동)경주하다	명)인종
90	rest	명)휴식	명)나머지(remainder)
91	remains	remain 동)남다	명)나머지(remainder)
92	resume	명)이력서	동)회복하다
93	returns	return 동)돌아오다	명)수익율 (profit, yield)
94	run	동)달리다	동)경영하다
95	say	동)말하다	부)예를 들면, 대략
96	scale	명)규모	명)저울, 비늘(물고기)

NO	주의 단어	일반의미	시험에 나오는 의미
97	school	명)학교	명)떼/무리,학파, 동)무리짓다
98	screen	명)화면,심사	동)선별하다 (screen out)
99	season	명)계절	동)양념하다
100	shoulder	명)어깨	동)(책임)맡다(take on)
101	significant	형)중요한(important)	형)상당한 (considerable)
102	spot	명) 점, 지점	동)탐지하다(detect)
103	stage	명)단계, 무대	동)실행하다, 생산하다
104	stale	형)상한(decayed)	형)진부한(corny)

NO	주의 단어	일반의미	시험에 나오는 의미
105	stand	동)서있다	동)견디다(endure)
106	state	명)주, 국가, 상태	동)진술하다
107	stem	명)줄기	동)유래하다 (derive)
108	still	부)여전히	형)움직이지 않는
109	store	명)가게, 상점	동)저장하다
110	strike	동)때리다, 치다	동)생각이떠오르다, 명)파업
111	subject	명)주제	명)실험 대상자
112	submit	동)제출하다	동)굴복하다(surrender)

NO	주의 단어	일반의미	시험에 나오는 의미
113	suggest	동)제안하다(propose)	동)암시하다(imply)
114	tap	동)가볍게 치다(pat)	동)이용하다 (exploit)
115	team	명)팀, 단체	동)협력하다
116	tend	동) 경향있다(tend to)	동)돌보다(look after)
117	terms	명)기간, 사이	명)용어, 조건
118	till	전)할때까지(until)	동)경작하다(culitivate)
119	trade	명)무역, 거래	명)공예, 기술(craft)
120	troop	명)무리(flock), 군대	동)모이다, 무리짓다

NO	주의 단어	일반의미	시험에 나오는 의미
121	turnover	명)반전	명)매출, 수익율
122	want	동)원하다	명)결핍, 부족, 동)부족하다
123	wear	동)입다	동)닳다, 해지다
124	weather	명)날씨	동)견디다(endure), 생존하다(survive)
125	work	동)일하다	명)작품, 동)잘 작동하다
126	yield	동)양보하다, 굴복하다	동)생산하다, 명)생산량, 수익율

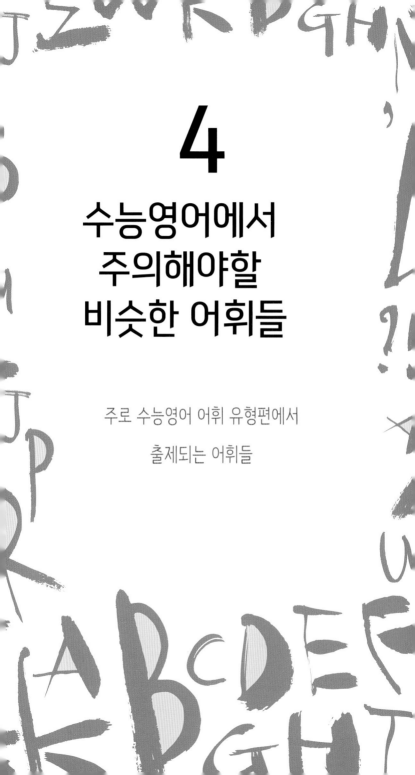

4

수능영어에서
주의해야할
비슷한 어휘들

주로 수능영어 어휘 유형편에서

출제되는 어휘들

NO	유사 어휘	동의어	의미/뜻

A

1	access	approach	동)접근하다
2	assess	estimate	동)평가하다
3	adapt (to)	adjust	동)맞추다, 적응시키다
4	adopt	choose	동)채택하다
5	adept	proficient	형)능숙한
6	adverse	hostile	형)적대적인
7	averse	reluctant	형)싫어하는, 꺼려하는

NO	유사 어휘	동의어	의미/뜻
8	aggravate	worsen	동)악화시키다
9	aggregate	total	동)합산하다
10	alter	modify	동)바꾸다
11	altar	communion table	명)제단
12	amaze	surprise	동)놀라게하다
13	amuse	entertain	동)즐겁게하다
14	ambiguous	obscure	형)모호한
15	ambivalent	coexistent	형)양립하는

NO	유사 어휘	동의어	의미/뜻
16	argument	debate, dispute	명)논쟁
17	augment	amplify, enlarge	동)확대하다
18	aspire	desire	동)열망하다
19	inspire	motivate	동)영감을 주다
20	assume	presume	동)가정하다, 추정하다
21	resume	restart	동)재개하다
22	astronomy	the study of the universe	명)천문학
23	astrology	the study of celestial bodies	명)점성술

NO	유사 어휘	동의어	의미/뜻
24	attain	achieve	동)달성하다
25	contain	include	동)포함하다
26	obtain	acquire	동)얻다
27	retain	keep	동)보유하다
28	attitude	manner	명)태도
29	aptitude	appropriateness	명)적성, 능력
30	altitude	a high location	명)고도

NO	유사 어휘	동의어	의미/뜻
31	attribute (to)	ascribe	동)탓으로 돌리다
32	contribute (to)	donate	동)기여하다, 기부하다
33	distribute	dispense	동)분배하다
34	autonomous	independent	형)독립적인, 자치적인
35	anonymous	nameless	형)익명의
36	authentic	genuine	형)진짜의
37	authorized	legitimate	형)공인된

NO	유사 어휘	동의어	의미/뜻
38	avenue	street, approach	명)도로, 접근법
39	venue	place, scene	명)장소, 현장

B

NO	유사 어휘	동의어	의미/뜻
40	beneficial	advantageous	형)유익한, 이로운
41	beneficent	generous	형)관대한

C

NO	유사 어휘	동의어	의미/뜻
42	casualty	fatality	명)사상자
43	causality	relations between causes and results	명)인과관계
44	cite	quote	동)인용하다
45	site	place	명)장소

NO	유사 어휘	동의어	의미/뜻
46	collective	combined	형)집단의
47	collateral	additional	형)추가적인, 부차적인
48	commence	begin	동)시작하다
49	commerce	business	명)상업, 사업
50	comparative	relative	형)비교의, 상대적인
51	competent	capable	형)능력있는
52	competitive	competing	형)경쟁력있는, 경쟁하는
53	complement	supplement	동)보충하다
54	compliment	praise	동)칭찬하다

NO	유사 어휘	동의어	의미/뜻
55	compliant	obedient	형)순종적인
56	complaint	grumble	명)불평, 불만
57	confirm	verify	동)확인하다
58	conform (to)	comply to	동)순응하다
59	considerate	thoughtful	형)사려깊은
60	considerable	substantial	형)많은, 상당한
61	considering	taking into account	전)고려하자면
62	conscience	moral sense	명)양심
63	conscious	aware	형)의식적인

NO	유사 어휘	동의어	의미/뜻
64	converge	meet	동)모이다
65	diverge	separate	동)갈라지다
66	costume	dress	명)의상
67	custom	habit	명)관습
68	customs	tariff	명)세관
69	curb	restrain	동)제한하다
70	curve	bend	동)구부리다

D

NO	유사 어휘	동의어	의미/뜻
71	depose	deposit	동)퇴적시키다, 폐위시키다
72	dispose	remove, resolve	동)제거하다, 해결하다
73	deter	discourage	동)낙담시키다
74	defer	delay	동)연기하다, 미루다
75	difference	dissimilarity	명)차이,다름
76	deference	submission, respect	명)복종, 존경
77	diversion	diverting	명)전환
78	diversity	variety	명)다양성

NO	유사 어휘	동의어	의미/뜻
79	dormant	inactive	형)휴면기의
80	dominant	ruling	형)지배적인

E

NO	유사 어휘	동의어	의미/뜻
81	effect	result	명)효과, 결과
82	affect	influence	동)영향을 끼치다
83	efficient	competent	형)효율적인
84	effective	effectual	형)효과적인
85	envelop	enclose	동)싸다, 덮다
86	envelope	wrapping	명)봉투

NO	유사 어휘	동의어	의미/뜻
87	ethics	morality	명)윤리학
88	ethnic	ethnical	형)민족의, 명)민족
89	evade	avoid	동)회피하다
90	invade	intrude	동)침입하다
91	evolution	gradual development	명)진화
92	revolution	a drastic change	명)혁명
93	expend	spend	동)지출하다
94	expand	enlarge	동)확장하다

NO	유사 어휘	동의어	의미/뜻
95	explicit	definite	형)분명한
96	implicit	implied	형)내포적인
97	extant	existent	형)현존하는
98	extend	stretch	동)뻗다, 확대하다
99	extinct	nonexistent	형)소멸한
100	extinguish	put out	동)끄다
101	distinguish	discern	동)구별하다

F

102	faculty	ability	명)능력, 교직원
103	facility	amenity	명)편의시설
104	faction	ingroup	명)당파
105	fiction	novel	명)소설, 허구
106	fraction	fragment	명)분수, 부분
107	friction	rubbing	명)마찰
108	fragment	piece, bit	명)조각
109	fragrance	scent	명)향기

G

110	general	common	형)일반적인
111	generous	unselfish	형)관대한
112	genuine	real	형)진짜의
113	genius	brilliance	명)천재

H

114	humility	modesty	명)겸손
115	humiliation	disgrace	명)굴욕, 치욕
116	hypothesis	assumption	명)가설, 가정
117	hypocrisy	falseness	명)위선, 거짓

I

NO	유사 어휘	동의어	의미/뜻
119	identical	same	형)같은, 동일한
120	identified	known	형)확인된, 알려진
121	immerse	submerge	동)담그다, 몰두하다
122	immense	huge	형)거대한
123	impair	weaken, damage	동)약화시키다, 손상시키다
124	impartial	biased	형)편파적인
125	infancy	childhood	명)유아기
126	infantry	foot soldiers	명)보병대(군대)

NO	유사 어휘	동의어	의미/뜻
127	informed	knowledgeable	형)박식한
128	informative	beneficial	형)유익한
129	ingenious	creative	형)창조적인
130	ingenuous	innocent, naive	형)순진한
131	indigenous	native	형)원산의, 토종의, 고유의
132	inhibit	restrain	동)억제하다
133	inhabit	reside in	동)거주하다
134	insure	have insurance for	동)보험들다
135	ensure	make sure	동)확실히 하다

NO	유사 어휘	동의어	의미/뜻
136	intact	undamaged	형)온전한, 멀쩡한
137	instant	immediate	형)즉각적인
138	intimate	close	형)친밀한
139	intimidate	threaten	동)위협하다
140	intrinsic	radical	형)근본적인
141	intriguing	interesting	형)흥미로운
142	intricate	complex	형)복잡한
143	introspective	self-examining	형)자아성찰적인
144	retrospective	backward-looking	형)회고하는

L

NO	유사 어휘	동의어	의미/뜻
145	latitude	angular distance	명)위도
146	longitude	angular distance	명)경도
147	lessen	reduce	동)줄이다
148	lesson	class	명)강의
149	literate	able to read and write	형)읽고쓸수 있는
150	literal	word for word	형)문자 그대로의
151	literary	of literature	형)문학의

M

152	mass	bulk, majority	명)덩어리, 군중
153	mess	disorder, dirtiness	명)혼란, 엉망
154	mediate	arbitrate	동)중재하다
155	meditate	contemplate	동)명상하다
156	moderate	temperate	형)온화한, 중간의
157	modest	humble	형)겸손한
158	modern	current	형)현대의

NO	유사 어휘	동의어	의미/뜻
159	monument	memorial	명)기념물, 기념비
160	momentum	impetus, drive	명)추진력
161	moral	ethical	형)도덕적인
162	mortal	subject to death	형)반드시 죽는
163	morale	mental state	명)사기

N

NO	유사 어휘	동의어	의미/뜻
164	negligible	minimal	형)사소한
165	negligent	careless	형)태만한, 부주의한
166	neutral	objective	형)중립적인
167	natural	not artificial	형)자연적인

NO	유사 어휘	동의어	의미/뜻
168	nuance	a subtle difference in meaning	명)미묘한 차이, 뉘앙스
169	nuisance	bother	명)귀찮은 것(사람)
		O	
170	obedient	compliant	형)순종적인
171	obstinate	stubborn	형)완고한
172	obituary	death notice	명)사망기사
173	arbitrary	random	형)임의적인
174	obvious	manifest	형)분명한
175	obscure	vague	형)모호한

NO	유사 어휘	동의어	의미/뜻
176	omit	leave out	동)빼먹다
177	emit	give off	동)배출하다
178	overlook	disregard	동)간과하다
179	oversee	supervise	동)관리하다, 감독하다

P

NO	유사 어휘	동의어	의미/뜻
180	personal	private	형)사적인
181	personnel	employee, staff	명)직원
182	perverted	abnormal, distorted	형)비정상적인, 왜곡된
183	pervasive	widespread	형)널리퍼진, 만연한

NO	유사 어휘	동의어	의미/뜻
184	pledge	promise	명)약속, 동)약속하다
185	plunge	drop	동)떨어지다
186	pray	beg	동)기도하다, 간청하다
187	prey	victim	명)먹이감, 희생
188	principal	chief, head	형)주요한 명)교장, 원금
189	principle	rule	명)원칙
190	process	procedure, treat	명)과정, 동)가공하다, 처리하다
191	possess	own	동)소유하다

NO	유사 어휘	동의어	의미/뜻
192	promise	pledge	명)약속, 동)약속하다
193	premise	proposition, land,	명)전제조건, 명제, 토지
194	proper	appropriate	형)적절한
195	prosper	thrive	동)번성하다

R

NO	유사 어휘	동의어	의미/뜻
196	raise	life, breed	타동) 들어올리다, 양육하다
197	rise	get up, increase	자동) 오르다, 증가하다
198	arise	get up, stem	자동) 일어나다, 발생하다
199	recourse	help	명) 의지, 도움
200	discourse	conversation	명) 대화, 담화

NO	유사 어휘	동의어	의미/뜻
201	respectable	worthy	형) 존경할 만한, 훌륭한
202	respectful	humble	형) 정중한, 공손한
203	respective	each	형) 각각의
204	resign	relinquish	동) 사임하다, 사퇴하다
205	retire	withdraw	동) 은퇴하다
206	retrieve	regain, remember	동) 회복하다, 기억하다
207	retreat	withdraw	동) 철수하다

S

NO	유사 어휘	동의어	의미/뜻
208	satiation	satisfaction	명) 만족
209	saturation	filling	명) 포화

NO	유사 어휘	동의어	의미/뜻
210	scarce	rare	형) 드문, 희귀한
211	scared	frightened	형) 겁먹은, 두려운
212	sacred	divine	형) 신성한
213	sensible	reasonable	형) 분별력있는, 합리적인
214	sensitive	susceptible	형) 민감한
215	spare	additional, save	형)여분의, 동)아끼다
216	sparse	scarce, scattered	형)드문, 희박한
217	stationary	fixed	형)고정된
218	stationery	any writing materials	명)문구류, 문방구

NO	유사 어휘	동의어	의미/뜻
219	status	standing	명)상태
220	statue	sculpture	명)조각상, 동상
221	stature	height	명)키, 신장
222	stimulate	excite	동)자극하다
223	simulate	feign	동)가장하다, 모의실험하다
224	successful	undefeated	형)성공적인
225	successive	consecutive	형)연속적인
226	surface	superficial	명)표면, 형)표면적인, 동)나오다
227	surpass	exceed	동)초과하다

T

228	through	by way of	전)통해서
229	thorough	complete	형)완벽한, 철저한
230	transmit	send	동)전달하다
231	transplant	replant	동)이식하다

U

232	unanimous	in complete agreement	형)만장일치의
233	unilateral	one-sided	형)일방적인

V

234	vacation	holiday	명)휴가, 방학
235	vocation	profession	명)직업

NO	유사 어휘	동의어	의미/뜻
236	vague	obscure	형)흐릿한, 모호한
237	vogue	fashion, trend	명)유행
238	vain	fruitless	형)헛된
239	vein	a blood vessel	명)정맥
240	valueless	worthless	형)가치 없는
241	invaluable	priceless	형)귀중한

5

수능기출문제 핵심문장 발췌

수능영어 절대문장 51

절대 문장 하나로 1석 3조 효과

직독직해+어휘+구문숙어 마스터

절대문장을 알면 수능영어 해석이 된다

1. (2014년 9월 23번)

People were not particularly motivated to produce more goods for stockpiling, as there was little incentive to do so where there was little security from raids.

[해석/부분 직독직해]　　사람들은 특히 축척을 위한 더 많은 물품들을 생산하도록 자극을 받지 않았다. 마치 그렇게 하도록 하는 동기(자극)이 없었던 것처럼, 공습으로부터 안전보장이 없었던 곳에서.

[수능영어필수핵심어휘/숙어] --
little, few: (부정으로 해석) ~아니다　　motivate: give incentive to: 자극하다, 동기를 주다
incentive: motive: 동기, 자극

2. (2014년 9월 23번)

The concept of thrift emerged out of a more affluent money culture.

[해석/부분 직독직해]　　검소의 개념은 보다 더 풍족한 돈 문화로부터 나왔다.

[수능영어필수핵심어휘/숙어] --
out of: ~로부터(전치사)　　　　　　　　thrift: 검소, 절약
emerge: appear: 나오다　　　　　　　　affluent: abundant: 풍부한

3. (2014년 수능 24번)

In order to successfully release himself from the control of his parents, a child must be secure in his parents' power, as represented by their loving authority.

[해석/부분 직독직해]　　성공적으로 그 자신을 부모 통제로부터 해방시키기 위해서(독립의 미), 한 아이는 반드시 그 부모의 힘 안에서 안전해야만 한다, 그들의 사랑스런 권위(힘/통제)에 의해서 대표되는 것처럼.

[수능영어필수핵심어휘/숙어] --
in order to: so as to: ~하기 위해서(목적)　　authority: power: control: 권위
release: relieve: set free: 방출하다, 풀어주다

4. (2014년 9월 24번)

In other words, they identified one element engaged in the process of nutrition without fully comprehending how the system as a whole truly functions.

> **[해석/부분 직독직해]** 즉, 그들은 영양소과정에 연관된 한 요소를 확인했다 어떻게 이 시스템이 전체적으로 진실되게 작동하는지 충분한 이해 없이.

[수능영어필수핵심어휘/숙어] --

in other words: that is: 즉, 다시 말해서   identify: 확인하다   nutrition: 영양
engage (in): 연관시키다, 참여시키다   comprehend: understand: 이해하다

5. (2014년 6월 25번)

In conclusion, opportunities to charge visitors for appropriate services to help compensate for these costs are being considered as one solution.

> **[해석/부분 직독직해]** 방문객들에게 (요금을)부과하는 기회들이 이러한 비용을 만회하기를 위한 적절한 서비스에 대한 하나의 해결책으로 고려되고 있다.

[수능영어필수핵심어휘/숙어] --

in conclusion: to sum up: finally: 결론적으로   charge: (요금)부과하다, 공격하다
appropriate: 적절한   compensate for: 보상하다

6. (2014년 6월 24번)

With the increasing sophistication of the media and the haunting quality of the imagery, they have been able to give us the feeling that we are fragile creatures in an environment full of danger.

> **[해석/부분 직독직해]** 증가하는 미디어의 복잡성과 잊혀지지 않는 특징의 상상적인 것과 함께, 그들은 우리에게 줄 수 있었다 그 감정을 우리는 위험으로 가득한 환경에서 연약한 생명체이다 라는 (그 감정).

[수능영어필수핵심어휘/숙어] --

sophistication: complexity: 복잡성   haunting: unforgettable: 잊혀지는 않는
fragile: weak: 연약한   in danger (of): 위험에 처한

7. (2013년 6월 33번)

What everyday rules for behavior trigger parents' efforts to socialize their toddlers and preschool-age children in terms of their attributes of their learning development?

> **[해석/부분 직독직해]** 어떤 일상 규칙들이 행동에 대한 야기시키는가 부모들의 노력이 사회화 하도록 하는 그들의 유아와 학교 입학 전 아이들에게 그들 학습 발전 특징에 대해서?

[수능영어필수핵심어휘/숙어] --
trigger (to): cause (to): 야기시키다   in terms of: about: ~대해서/관해서
attribute: 특징, ~탓으로 돌리다

8. (2013년 6월 33번)

As children's ages and cognitive sophistication increased, the numbers and kinds of prohibitions and requests expanded from the original focus on child protection and interpersonal issues to family routines, self-care, and other concerns regarding the child's independence.

> **[해석/부분 직독직해]** 아이들의 나이와 인지적인 복잡성이 증가할 때, 금지와 요구의 수와 종류가 확대된다 본래 아이 보호와 상호 이슈에 대한 중심으로부터 가족 일과, 자기관리 그리고 아이 독립에 관한 다른 관심들로.

[수능영어필수핵심어휘/숙어] --
cognitive: perceptive: 인지적인   sophistication: complication: complexity: 복잡성
from A to B: A로부터 B까지   regarding: in terms of: about: ~대해서/관해서

9. (2012년 9월 42번)

People who had lost a job and found a new one twice before were much better prepared to deal with adversity than someone who had always worked at the same place and had never faced adversity.

> **[해석/부분 직독직해]** 직업을 잃고 그리고 전에 새로운 직업을 두 번 찾은 사람들은 훨씬 더 잘 준비되어 있었다 역경을 다루는데 항상 같은 장소에서 일하고 결코 역경을 직면하지 않은 누군가(어떤 사람)보다.

[수능영어필수핵심어휘/숙어] --
deal with: handle: 다루다   adversity: setback: hardship: 고난, 역경
face: confront: 직면하다

10. (2012년 6월 42번)

When you stand on a bathroom scale, the scale measures just how much upward force it must exert on you in order to keep you from moving downward toward the earth's center.

[해석/부분 직독직해]　너가 욕실 저울에 서있을 때, 그 저울은 측정한다 단지 얼마나 많이 위쪽으로 힘을 그것이 발휘 시켜야만 하는지 너에게 막기 위해서 너가 지구 중심쪽 아래 방향으로 움직이는 것을 (막기 위해서).

11. (2014년 9월 32번)

The flip side is that if you're working in any area (or company) that doesn't align with your own value, all the little stuff snowballs into a big ball of daily disasters.

[해석/부분 직독직해]　이면은 (that절 이하이다) 만약 너가 일하고 있다면 어떤 지역(분야)에서 (또는 회사에서) 그 분야는 (관대 that) 너 자신의 가치와 맞지 않는다, 모든 이 작은 물질(재료)는 눈덩이처럼 커져 일상 재앙의 큰 볼(공)이 된다.

12. (2014년 9월 33번)

That is, doing what's rational results in a negative outcome to the collective interest, including you.

[해석/부분 직독직해]　이성적인 것을 하는 것은 부정적인 결과를 낳는다 총체적인 이익에, 너를 포함하여.

13. (2014년 6월 33번)

At times, thoughts about what might have been change an antecedent event but leave the consequence unchanged.

> **[해석/부분 직독직해]** 때때로 아마 그랬을 거라는 생각은 바꾼다 전의 사건을 (희생자가 마을까지 걸어왔다) 하지만 남아 있다 결과 바뀌지 않은 채로 (여전히 그는 죽었다)

[수능영어필수핵심어휘/숙어] --
at times: sometimes: 때때로, 가끔   antecedent: preceding: 사전의, 전례
outcome: consequence: result: 결과

14. (2013년 수능 23번)

As a result, where denial and suppression occur, there comes the danger that in doing so the individual stores up anger and resentment.

> **[해석/부분 직독직해]** 결과적으로, 부정과 억제가 발생하는 곳에서, 위험이 온다 (that절 이하라는 위험) 그렇게 할 때 개인은 화와 분노를 저장한다

[수능영어필수핵심어휘/숙어] --
as a result: consequently: 결과적으로   denial: refusal: 부인, 부정
suppression: restraint: 억압, 제한   store up: reserve: 저장하다
resentment: anger: 분노, 화

15. (2013년 6월 25번)

More often than not, the worst that we fear is much less terrible than our vague, unarticulated fear. Namely, what we have to fear is fear itself.

> **[해석/부분 직독직해]** 대개, 우리가 두려워하는 최악의 것은 훨씬 덜 끔찍하다 우리의 모호하고, 분명하지 못한 두려움 보다. 즉, 우리가 두려워해야만 하는 것은 두려움 그 자체이다.

[수능영어필수핵심어휘/숙어] --
more often than not: usually: 대개   vague: obscure: 모호한
unarticulated: unclear: 분명치 못한   namely: in other words: 즉, 다시 말해서
what: (관계대명사) ~것으로 해석

16. (2013년 6월 27번)

Consequently, it is of the utmost importance to government, business, and the public at large that the flow of services provided by a nation's infrastructure continues unimpeded in the face of a broad range of natural and technological hazards.

[해석/부분 직독직해] 결과적으로, 가장 중요하다 정부, 사업(기업), 그리고 대중에게 일반적으로 (that절 이하가/that절 진주어) 서비스의 흐름 제공된 국가의 기반시설에 의해서 지속된다 방해 받지 않고 (~임에도 불구하고) 넓은 범위의 자연과 기술 위험에도 불구하고.

[수능영어필수핵심어휘/숙어] --

consequently: as a result: 결과적으로   of importance: important: 중요한
unimpeded: unhindered: 방해받지 않고   at large: in general: 일반적으로, 대체적으로
in the face of: in spite of: ~임에도 불구하고

17. (2012년 6월 25번)

To stop being late, as a general rule all one has to do is change the motivation by deciding that in all circumstances being on time is going to have first priority over any other consideration.

[해석/부분 직독직해] 늦는 것을 막기 위해서, 대개 한 사람이 해야만 하는 모든 것은 동기를 바꾸는 것이다 결정함으로써 (that절 이하를) 모든 상황에서 정각에 오는 것은 가질 것이다 최우선 사항을 어떤 다른 고려 사항 보다.

[수능영어필수핵심어휘/숙어] --

as a general rule: usually: 대개, 일반적으로   motivation: incentive: 동기부여, 자극
on time: punctual: 정각에, 신속히   priority: first concern: 우선사항   consideration: scrutiny: 고려, 숙고

18. (2012년 수능 29번)

In each instance, you communicated the extent to which you wanted to qualify your claim, to guard yourself by restricting the extent to which you are willing to be held accountable for the claim.

[해석/부분 직독직해] 각각 경우에서, 너는 의사 소통했다 정도로 (관대 which) 너가 너의 주장에 자격을 주기 원했던 정도로 (의사 소통했다), 너 자신을 보호하기 위해서 제한함으로써 정도로 (관대 which) 너가 기꺼이 그 주장에 책임을 질 정도로.

[수능영어필수핵심어휘/숙어] --

extent: degree: 정도   restrict: limit: 제한하다   qualify: restrict: 자격을 주다, 제한하다
to an/some extent: to a/some degree: ~정도까지   willing (to): inclined (to): 기꺼이 ~하려 하는
accountable: responsible: 책임감 있는   hold (someone) accountable for (something): 누군가

가 (for 이하에) 책임 있다고 생각하다

19. (2014년 수능 34번)

This intentional error functions as an advance warning system, manned by the self-protection subself, providing individuals with a margin of safety when they are confronted with potentially dangerous approaching objects.

[해석/부분 직독직해]　이런 의도적인 실수는 작동한다 진보(된) 경고 시스템으로, 강화된 자기보호의 무의식적 자아(subself)에 의해서, 제공하면서 개인들에게 안전의 여백을 그들이 직면했을 때 잠재적으로 위험하고 접근하는 물체와.

[문장구문-분사구문] --
manned by ~ (수동분사구문) 강화된　providing individuals with ~ (능동분사구문) 제공하면서

[수능영어필수핵심어휘/숙어] ---
intentional: deliberate: 의도적인　　man: fortify: 강화하다　subself: 무의식적 자아
margin: room: 여백, 끝, 가장자리　　confront: face: 직면하다

20. (2014년 6월 35번)

As the structures of our world and the conditions of certainty have yielded to an avalanche of change, the extent of our longing for stable, definitive leadership has been exceeded only by the impossibility of finding it.

[해석/부분 직독직해]　우리 세계의 구조와 확실성의 조건이 굴복할 때 많은 변화에, 안정적이고 분명한 리더쉽에 대한 우리 기대의 정도는 압도된다 오직 그것을 찾는 불가능성에 의해서.

[수능영어필수핵심어휘/숙어] ---
certainty: 확실성　ield: surrender: 굴복하다　an avalanche of: 많은　extent: degree: 정도
long for: crave for: 열망하다　definitive: definite: 분명한, 명확한　exceed: surpass: 초과하다, 압도하다

21. (2013년 수능 27번)

The appeal to a genetic change driving evolution gets gene-culture co-evolution backwards: it is a top-down explanation for a bottom-up process.

[해석/부분 직독직해]　진화를 자극하는 유전적 변화로의 호소는 유전(적) 문화를 공통 진화로 후퇴 시킨다. 즉, 이것은 상향식 과정에 대한 하향식 설명이다.

[수능영어필수핵심어휘/숙어] ---
appeal: attraction: 호소, 매력　genetic: 유전적인　evolution: development: 진화　top-down: 하향식의　bottom-up: 상향식의

22. (2013년 9월 28번)

As a general rule, admitting being lost feels like admitting stupidity. This is a stereotype, but it has a large grain of truth.

[해석/부분 직독직해]　일반적으로 (길을)잃었다는 것을 인정하는 것은 어리석음을 인정하는 것과 같이 느낀다. 이것은 고정관념이다, 하지만 이것은 진실의 일면을 가지고 있다.

[수능영어필수핵심어휘/숙어] --

as a general rule: in general: 일반적으로

admit: acknowledge: 인정하다

stereotype: pattern: 고정관념

a grain of truth: the smallest amount of truth: 진실의 일면

23. (2011년 수능 29번)

So to speak, the tendency to deny all previous values in favor of their opposites is just as much of an exaggeration as the earlier one-sidedness.

[해석/부분 직독직해]　말하자면, 경향은 모든 사전의 가치들을 부인하는 그들의 반대편들을 지지하여 단지 초기 편파주의(일방주의) 만큼이나 많은 과장이다.

[수능영어필수핵심어휘/숙어] --

So to speak: 말하자면, 이를테면

tendency: inclination: 경향

previous: prior: 사전에

in favor of: in support of: ~지지하여

exaggeration: overstatement: 과장

one-sided: unilateral: partial: 일방적인, 편파적인

24. (2014년 6월 34번)

The so-called Mozart effect, listening to Mozart will make your child smarter, is a good example of a scientific finding being distorted by the media through hype not warranted by the research.

[해석/부분 직독직해]　소위 모짜르트 효과는, 즉 모짜르트 음악을 듣는 것은 만들 것이다 너의 아이를 더 영리하게, 좋은 예이다 과학적 발견이 왜곡되는 미디어에 의해서 이런 연구 조사에 의해서 보장되지 않은 과대 광고를 통한.

[수능영어필수핵심어휘/숙어] --

so-called: commonly called: 소위, 이른바

distort: falsify: 왜곡하다

hype: exaggerated claims: 과대광고

warrant: guarantee: 보장하다

25. (2013년 6월 26번)

In short, social support is one of the most powerful methods of coping with stress, and researchers have demonstrated its effectiveness by brain measurements as well as people's self-reports.

[해석/부분 직독직해]　요약하면, 사회적 지원은 가장 강력한 방법들 중하나이다 스트레스를 다루는, 그리고 연구 조사원들은 보여준다 그 효과를 두뇌 측정에 의해서뿐만 아니라 사람들의 자기보고에 의한 (효과).

[수능영어필수핵심어휘/숙어] --
in short: in summary: 요약하면, 요컨대　　　　cope with: deal with: 대처하다, 다루다
demonstrate: manifest: 보여주다, 증명하다　　　as well as: in addition to: ~뿐만 아니라

26. (2012년 6월 20번)

In conclusion, it seems that we are prone to adjust our messages to our listeners, and, having done so, to believe the altered message.

[해석/부분 직독직해]　결론적으로, (that절 이하처럼) 보인다 우리는 우리의 메시지를 우리 청자(듣는 이)들에게 맞추기 쉽다, 그리고 그렇게 하면서, 그 바뀐 메시지를 믿기 쉽다.

[수능영어필수핵심어휘/숙어] --
in conclusion: finally: 결론적으로　　　　　　(be) prone to: (be) apt to: ~기 쉽다
adjust (to): tune (up): ~에 맞추다　　　　　　alter: change: 바꾸다

27. (2012년 9월 20번)

In sum, you have to pay close attention to someone's normal pattern in order to notice a deviation from it when he or she lies.

[해석/부분 직독직해]　요약하면, 너는 밀접한 주의를 해야만 한다 어떤 사람의 정상적인 패턴에 그것으로부터 이탈을 알아채기 위해서 그 또는 그녀가 거짓말 할 때.

[수능영어필수핵심어휘/숙어] --
in sum: in summary: 요약하면　　pay attention to: give attention to: 주의하다
in order to: so as to: ~하기 위해서　notice: note: 주시하다　　deviation: shift: 변화, 이탈, 일탈

28. (2011년 수능 20번)

On the other hand, it is not easy to show moral courage in the face of either indifference or opposition.

> **[해석/부분 직독직해]**　반면에, 쉽지 않다 보여주는 것이 도덕적 용기를 무관심 또는 반대에도 불구하고.

[수능영어필수핵심어휘/숙어] --

on the other hand: from another point of view: 한편, 반면에
in (the) face of: despite: ~임에도 불구하고　　　moral: ethical: 도덕적인, 윤리적인
indifference: disregard: 무관심　　　　　　　　opposition: disapproval: 반대

29. (2014 수능 36번)

It does this by overvaluing evidence that confirms what we already think or feel and undervaluing or simply disregarding evidence that refutes it.

> **[해석/부분 직독직해]**　그것은 이것을 한다 증거를 과대 평가함으로써 그 증거는 (관대 that) 확인한다 우리가 이미 생각하거나 또는 느낀 것을 그리고 과소평가함으로써 또는 단순히 무시함으로써 증거를 (관대 that) 그것을 반박하는 (증거).

[수능영어필수핵심어휘/숙어] --

overvalue: overestimate: 과대평가하다　　　　　confirm: verify: 확인하다
undervalue: underestimate: 과소평가하다　　　　disregard: ignore: 무시하다
refute: disprove: 반박하다

30. (2013년 수능 31번)

Such mental rehearsal is disastrous cognitive static when it becomes trapped in a stale routine that captures attention, intruding on all other attempts to focus elsewhere.

> **[해석/부분 직독직해]**　이런 정신적인 예행연습(리허설)은 끔찍한(재앙적인) 인지적 방해이다 이것이 갇혀 있게 될 때 진부한 일상에, 그 진부한 일상은(관대 that) 주의를 사로잡는다, 침해하면서 모든 다른 시도를 다른 곳에 집중하는.

[수능영어필수핵심어휘/숙어] --

rehearsal: preparation: 예행연습　　　　　　　cognitive: perceptive: 인지적인
static: noise: disturbance: 잡음, 방해　　　　　stale: decayed: common: 상한, 진부한
intrude (on): interfere (with): 침해하다

31. (2012년 수능 33번)

Consequently, even those of us who claim not to be materialistic can't help but form attachments to certain clothes.

> **[해석/부분 직독직해]** 결과적으로, 심지어 우리들 중 사람들 (관대 who) 주장하는 물질적이지 않다고 (사람들은) 형성할 수 밖에 없다 애착을 특정 옷에 대한.

32. (2012년 9월 33번)

His urge for self-preservation will not down, nor will that of the illiterate peoples of the world, and in that overpowering will to live is anchored the belief in super-naturalism, which is absolutely universal among known peoples, past and present.

> **[해석/부분 직독직해]** 그의 자기보호 본능은 줄어들지 않을 것이다, 세계 문맹자들의 욕구(that) 또한 줄어들지 않을 것이다, 그리고 살고자 하는 그 강력한 의지 안에서 고정된다 초자연주의 믿음이, 이 믿음은 (관대 which) 완전히 보편적이다 알려진(확인된) 사람들(사이에서), 과거 그리고 현재에서.

33. (2013년 9월 30번)

Yet, the people of Madagascar as well as others around the globe could derive vital benefits from the biodiversity that is being destroyed.

> **[해석/부분 직독직해]** 하지만, 마다가스카르 사람들뿐 만 아니라(더하여) 전세계 다른 사람들은 중요한 이득을 얻을 수 있다 생물 다양성으로부터 그 생물 다양성은 (관대 that) 파괴되고 있다.

34. (2013년 6월 30번)

On the other hand, the best measure is to appear calm, detached, thoroughly in control of your feelings, while you are controlling your narrative for your own purposes.

[해석/부분 직독직해]　한편으로, 최고의 방안(조치)은 보이는 것이다 고요하게, 분리되게, 철저하게 너의 감정 조절 안에 (있게 보이는 것이다), 너가 조절하는 동안에 너의 이야기를 너 자신의 목적을 위해서.

[수능영어필수핵심어휘/숙어] --

on the other hand: from another standpoint: 한편으로, 반면에　measure(s): action: 방안, 조치
appear: seem: ~처럼 보이다　detach: separate: 분리하다　narrative: a story: 이야기　purpose:
intention: 목적, 의도

35. (2011년 수능 33번)

As a matter of fact, what its builders had not considered was that the advent of the railroad would assure the canal's instant downfall.

[해석/부분 직독직해]　사실상, 그 건축가들이 고려하지 못했던 것은 (that절 이하였다) 철도의 도래가 보장했을 것이다 운하의 즉각적인 몰락을.

[수능영어필수핵심어휘/숙어] --

as a matter of fact: in fact: 사실상　what: (관계대명사) ~것 으로 해석　advent: coming: 도래
assure: ensure: 보장하다, 확인하다　instant: immediate: 즉각적인　　downfall: ruin: 몰락

36. (2015년 9월 38번)

Consequently, media scholars have used this study to illustrate the "visualization hypothesis," which states that children's exposure to ready-made visual images restricts their ability to generate novel images of their own.

[해석/부분 직독직해]　결과적으로, 미디어 학자들은 이 연구를 사용했다 설명하기 위해서 "시각화 가설"을, 이 시각화 가설은 (관대 which) 진술한다 (that절 이하를) 아이들의 노출은 이미 만들어진 시각적 이미지에, 제한한다 그들의 능력을 그들 자신만의 새로운 이미지를 만드는 (능력).

[수능영어필수핵심어휘/숙어] --

consequently: as a result: 결과적으로　illustrate: explain: 설명하다　hypothesis: assumption:
가설, 가정　exposure: disclosure: 노출　ready-made: cliched: 이미 만들어진, 진부한
restrict: confine: 제한하다　　novel: new: 새로운, 명)소설

37. (2013년 6월 41번)

By obligating the recipient of an act to repayment in the future, in kind, the rule for reciprocation allows one individual to give something to another with confidence that it is not being lost.

[해석/부분 직독직해]　　강요함으로써 수혜자에게 되갚음(보답)의 행동을 미래에, 같은 방식으로, 보답에 대한 규칙은 허락한다 한 개인이 주도록 무언가를 다른 개인에게 신뢰와 함께, 그 신뢰는 (명사절/보어 that) 잃어지고 있지 않다.

[수능영어필수핵심어휘/숙어] --
obligate: compel: 강요하다　recipient: beneficiary: 수혜자, 수신자
in kind: in the same way: 같은 방식으로　reciprocation: repayment: 보답　confidence: trust: 신뢰
.

38. (2012년 수능 22번)

In other words, we should calculate what concentration of greenhouse gases each country has put into the atmosphere over time and use those figures to allocate emissions cuts.

[해석/부분 직독직해]　　즉, 우리는 측정해야만 한다 어떤 온실 가스 집중을 각 나라가 놓았는지 대기에 시간이 지나면서 그리고 사용해야만 한다 이런 수치를 할당하기 위해서 배출량 축소를.

[수능영어필수핵심어휘/숙어] --
in other words: that is: 즉　concentration: focusing: 집중
over time: gradually: 점차 시간이 지나면　emission: release: 방출, 배출　allocate: allot: 할당하다

39. (2012년 9월 22번)

In contrast to a number of similar theories, Einstein wanted to illuminate the workings of the universe with a clarity never before achieved, allowing us all to stand in awe of its sheer beauty and elegance.

[해석/부분 직독직해]　　많은 비슷한 이론과 대조적으로, Einstein은 설명하기를 원했다 우주의 작용을 명료함으로 결코 전에 성취되지 못했던, 허락하면서 우리 모두가 서 있기를 그 순수한 아름다움과 우아함의 경외 안에서.

[수능영어필수핵심어휘/숙어] --
in contrast (to): ~와 대조해서　a number of: many, much: 많은　illuminate: explain: 설명하다
clarity: clearness: 명료함　sheer: fine: 순수한　awe: wonder: 경외, 놀라움

40. (2011년 수능 22번)

In short, the central problem is that the voters in low-performing groups were trying to build social cohesion without dissent rather than to produce the highest returns.

> **[해석/부분 직독직해]**   요약하면(요컨대), 중심 문제는 (that절 이하이다) 낮은 성과를 내는 그룹에서 투표자들은 세우려고 시도 했었다 사회적 결속을 이견 없이 (~대신에) 높은 수익을 내는 것 대신에.

[수능영어필수핵심어휘/숙어] --
in short: in summary: 요약하면, 요컨대   cohesion: bond: 결속   dissent: disagreement: 불일치, 이견
rather than: instead (of): ~대신에   returns: profit: 수익

41. (2015년 9월 35)

In conclusion, scientists used to think that animals would risk their lives like this only for kin with whom they shared common genes.

> **[해석/부분 직독직해]**   결론적으로, 과학자들은 생각하곤 했다 (that절 이하를) 동물들은 그들 목숨을 걸 것이다 이처럼 오직 혈육을 위해서, 그 혈육과 함께 (관대 whom) 그들이 공유하는 공통의 유전자를.

[수능영어필수핵심어휘/숙어] --
in conclusion: finally: 결론적으로, 마지막으로   used to: accustomed to: ~ 하는데 익숙한(하곤 했다)
risk one's life: put on the line: 위험에 빠뜨리다, 목숨을 걸다
kin: relatives: 친족, 혈육   gene: hereditary units: 유전자

42. (2015년 6월 38)

Above all, the technique of having students help one another raises the question of whether students with lower ability are being helped at the expense of those with higher ability.

> **[해석/부분 직독직해]**   무엇보다도, 기술은 학생들이 서로 서로 돕도록 하는 (기술은) 제기한다 의문을 더 낮은 능력을 가진 학생들이 도움을 받고 있는지 아닌지 더 높은 능력을 가진 학생들을 희생해서.

[수능영어필수핵심어휘/숙어] --
above all: most especially: 무엇보다도   one another: 서로(서로)
whether (or not): if (or not): ~인지 아닌지   at the expense of: at the sacrifice of: ~희생하여, ~대가로

43. (2014년 6월 38번)

As a matter of course, organic farmers grow crops that are no less plagued by pests than those of conventional farmers; insects generally do not discriminate between organic and conventional as well as we do.

> **[해석/부분 직독직해]** 당연히, 유기농 농부들은 재배한다 농작물을 (관대 that) 덜 피해를 입지 않는 해충에 의해서 전통적인 농부들의 농작물 보다 (즉, 둘다 비슷한 해충피해 규모로 농작물 재배) 즉 벌레(해충)들은 일반적으로 구별(차별)하지 않는다 유기농과 전통적인 것 사이에서 우리가 하는 것과 마찬가지로.

[수능영어필수핵심어휘/숙어] --
as a matter of course: naturally: 당연히   no less than: as much as: ~마찬가지로
plague: afflict: 피해를 입히다, 괴롭히다   conventional: traditional: 전통적인
discriminate: distinguish: 차별하다, 구별하다   as well as: in addition: 더하여, 게다가, ~뿐만 아니라

44. (2013년 6월 43번)

Likewise, world historians, recognizing this, seek to understand human history through studying both developments within societies and the way in which societies relate to each other.

> **[해석/부분 직독직해]** 비슷하게, 세계 역사학자들은, 이것을 인정하면서, 인간사회의 역사를 이해하려 노력한다 연구를 통해서 사회 안에서 발전과 사회가 서로서로 연관된 방법 모두 (연구를 통해서).

[수능영어필수핵심어휘/숙어] --
likewise: similarly: 비슷하게   recognize: realize: 인지하다, 인정하다
seek to: try to: 노력하다   both (A) and (B): A, B 모두

45. (2015년 수능 38)

Consequently, exactly how cicadas keep track of time has always intrigued researchers, and it has always been assumed that the insects must rely on an internal clock.

> **[해석/부분 직독직해]** 결과적으로, 정확히 어떻게 매미들이 시간을 아는 방법은 항상 흥미를 불러일으켰다 연구원들을, 그리고 항상 추정되었다 (that절 이하라고) 곤충들은 의존함에 틀림없다 내부 시계에.

[수능영어필수핵심어휘/숙어] --
consequently: as a result: 결과적으로 keep track of: know: 알다, 따르다
intrigue: interest: 관심을 일으키다   assume: suppose: 추정하다   rely on: depend on: 의존/의지하다

46. (2014년 수능 39)

Even the large, so-called 'liberal' American media have admitted that they have not always been watchdogs for the public interest, and that their own coverage on some major issues "looks strikingly one-sided at times."

[해석/부분 직독직해]　심지어 큰, 소위 자유 미국 미디어 조차도 인정했다 (that절 이하를) 그들은 항상 파수꾼이 아니었다 대중 이익을 위한, 그리고 그들 자신의 뉴스 보도는 몇몇 주요한 문제에 대한 "보인다 현저하게 편향적이게 때때로."

[수능영어필수핵심어휘/숙어] ---
so-called: alleged: 소위, 이른바　admit: concede: 인정하다　watchdog: guardian: 감시자, 파수꾼
coverage: broadcasting of news: 뉴스 방송　strikingly: noticeably: 현저하게
one-sided: biased: 편파적인　at times: sometimes: 때때로

47. (2013년 수능 43)

In brief, labels know the answer lies online, tapping the word-of-mouth forces that are replacing traditional marketing in creating demand, but they're still trying to figure out exactly how best to do it.

[해석/부분 직독직해]　요약하면, 음반사들은 안다 (that절 생략) 해답이 온라인에 놓여 있다는 것을, 이용하면서 입소문의 힘을 (관대 that) 대체하고 있는 전통적인 마케팅(홍보)을 수요를 만들 때, 하지만 그들은 여전히 시도하고 있다 발견하려고 정확히 그것을 하는 최고의 방법을.

[수능영어필수핵심어휘/숙어] ---
in brief: in short: 요약하면　tap: exploit: 이용하다　word-of-mouth: verbal: 구두의, 입소문
replace: substitute: 대체하다　figure out: discover: 알아내다, 이해하다

48. (2015년 9월 40)

The research also found that reading the more challenging version of poetry, in particular, increases activity in the right hemisphere of the brain, helping the readers to reflect on and reevaluate their own experiences in light of what they have read.

[해석/부분 직독직해]　그 연구는 또한 발견했다 (that절 이하를) 더 많은 도전적인 형식의 시를 읽는 것은, 특히, 증가시킨다 활동을 우뇌 영역에서, 도우면서 독자들이 반성하고 그리고 재평가하도록 그들 자신의 경험을 그들이 읽은 것을 고려해서.

[수능영어필수핵심어휘/숙어] --

challenging: demanding: 어려운   in particular: especially: 특히

hemisphere: cerebral hemisphere: 대뇌 반구   reflect (on): introspect: 반성하다

reevaluate: reassess: 재평가하다   in light of: in consideration of: ~고려해서

49. (2014년 수능 40)

In terms of impression management theory, if the consumer were to withdraw from the deal after the 'slight' change in the terms of agreement, he might foster the rather undesirable impression of being an irresponsible consumer unaware of these necessary charges.

> **[해석/부분 직독직해]**   인상관리 이론에 대해서, 만약 그 소비자가 거래를 철회한다면 합의 조건에서 약간의 변화 후에, 그는 촉진할 것이다 오히려 바람직하지 못한 인상을 무책임한 소비자가 되는 이런 필요한 비용을 인식하지 못하는.

[수능영어필수핵심어휘/숙어] --

in terms of: regarding: ~대해서   withdraw: retract: 철회하다 foster: promote: 촉진하다

irresponsible: unreliable: 무책임한   charge: cost: 비용

50. (2014년 9월 40)

This happened at a time when cities in the developing world were growing at unprecedented rates, bringing together large populations of low income urban residents, often on hazardous spontaneous settlements which made them far more vulnerable to natural and human-induced hazards.

> **[해석/부분 직독직해]**   이것은 발생했다 (~때에) 개발 도상국에서 도시들이 증가하고 있었을 때 전례 없는 속도로, 가져 오면서 함께 많은 인구를 낮은 소득 도시 거주자들의, 종종 위험하고 자발적인 정착에서, 이 위험하고 자발적인 정착은 (관대 which) 만들었다 그들을 훨씬 더 취약하게 자연적이고 그리고 인간에 의해 유발된 위험에.

[수능영어필수핵심어휘/숙어] --

unprecedented: unparalleled: 전례 없는   hazardous: dangerous: 위험한

spontaneous: voluntary: 자발적인   vulnerable: susceptible: 취약한

induce: lead: 유도하다, 유발하다

51. (2012년 수능 45)

It parallels advocacy in so far as it tends to involve a process of negotiation, but differs in so far as mediation involves adopting a neutral role between two opposing parties rather than taking up the case of one party against another.

[해석/부분 직독직해] 이것은 유사하다 옹호와 이것이 포함하는 경향이 있는 한 협상의 과정을, 하지만 다르다 중재가 포함하는 한 채택하는 것을 중립적인 역할을 2개 대립하는 당사자들 사이에서 (~대신에) 한 당사자가 다른 상대방에 반대하는 경우를 다루는 것 대신에.

[수능영어필수핵심어휘/숙어] --
parallel: be alike: 유사하다   advocacy: support: 옹호, 지지
in so far as: to the degree/extent that: ~하는 한(에 있어서)
mediation: arbitration: 중재, 조정   neutral: impartial: 중립적인
rather than: instead of: ~대신에(~라기 보다는 오히려)   take up: deal with: 다루다